Comment faire la promotion de votre livre pour enfants.

COMMENT FAIRE LA PROMOTION DE VOTRE LIVRE POUR ENFANTS

Série "Comment faire la promotion"
Par : D.K. Hawkins
Version 1.1 ~Novembre 2022
Publié par D.K. Hawkins sur KDP
Copyright ©2022 par D.K. Hawkins. Tous droits réservés.

Aucune partie de cette publication ne peut être reproduite, distribuée ou transmise sous quelque forme ou par quelque moyen que ce soit, y compris la photocopie, l'enregistrement ou d'autres méthodes électroniques ou mécaniques, ou par tout système de stockage ou de récupération de l'information, sans l'autorisation écrite préalable des éditeurs, sauf dans le cas de très brèves citations incorporées dans des critiques et certaines autres utilisations non commerciales autorisées par la loi sur le droit d'auteur.

Tous droits réservés, y compris le droit de reproduction totale ou partielle sous quelque forme que ce soit.

Toutes les informations contenues dans ce livre ont été soigneusement recherchées et vérifiées quant à leur exactitude factuelle. Toutefois, l'auteur et l'éditeur ne garantissent pas, de manière expresse ou implicite, que les informations contenues dans ce livre conviennent à chaque individu, situation ou objectif et n'assument aucune responsabilité en cas d'erreurs ou d'omissions.

Le lecteur assume le risque et la pleine responsabilité de toutes ses actions. L'auteur ne sera pas tenu responsable des pertes ou des dommages, qu'ils soient consécutifs, accidentels, spéciaux ou autres, qui pourraient résulter des informations présentées dans ce livre.

Toutes les images sont libres d'utilisation ou achetées sur des sites de photos de stock ou libres de droits pour une utilisation commerciale. Pour ce livre, je me suis appuyé sur mes propres observations ainsi que sur de nombreuses sources différentes, et j'ai fait de mon mieux pour vérifier les faits et attribuer le mérite à qui de droit. Dans le cas où du matériel serait utilisé sans autorisation, veuillez me contacter afin que l'oubli soit corrigé.

Les informations fournies dans ce livre le sont à titre informatif uniquement et ne sont pas destinées à être une source de conseils ou d'analyse de crédit en ce qui concerne le matériel présenté. Les informations et/ou documents contenus dans ce livre ne constituent pas des conseils juridiques ou financiers et ne doivent jamais être utilisés sans avoir consulté au préalable un professionnel de la finance afin de déterminer ce qui convient le mieux à vos besoins individuels.

L'éditeur et l'auteur ne donnent aucune garantie ou autre promesse quant aux résultats qui peuvent être obtenus en utilisant le contenu de ce livre. Vous ne devez jamais prendre de décision d'investissement sans consulter au préalable votre propre conseiller financier et sans effectuer vos propres recherches et diligences. Dans toute la mesure permise par la loi, l'éditeur et l'auteur déclinent toute responsabilité dans le cas où les informations, commentaires, analyses, opinions, conseils et/ou recommandations contenus dans ce livre s'avéreraient inexacts, incomplets ou peu fiables ou entraîneraient des pertes d'investissement ou autres.

Le contenu de ce livre n'est pas destiné à et ne constitue pas un conseil juridique ou un conseil en investissement, et aucune relation avocat-client n'est établie. L'éditeur et l'auteur fournissent ce livre et son contenu sur une base "telle quelle". Vous utilisez les informations contenues dans ce livre à vos propres risques.

TABLE DES MATIÈRES.

Comment faire la promotion de votre livre pour enfants. 0

TABLE DES MATIÈRES..3

INTRODUCTION...5

CHAPITRE 1: ÉCRIRE DES LIVRES POUR ENFANTS. 9

CHAPITRE 2: D'EXCELLENTES MÉTHODES DE PROMOTION APRÈS AVOIR ÉCRIT VOTRE PREMIER LIVRE POUR JEUNES ENFANTS...18

CHAPITRE 3: ACCROÎTRE LA VISIBILITÉ DES LIVRES POUR ENFANTS GRÂCE À DES APPARITIONS D'AUTEURS. 24

CHAPITRE 4: LES CRITIQUES DE LIVRES, VOTRE OUTIL DE PROMOTION LE PLUS EFFICACE...29

CHAPITRE 5: UTILISER DES IMAGES DE VOTRE LIVRE POUR LA PROMOTION. 36

CHAPITRE 6: COMMENT PROMOUVOIR VOTRE LIVRE ÉLECTRONIQUE POUR ENFANTS PAR LE BIAIS DE CONFÉRENCES. 44

CHAPITRE 7: COMMENT CONSTRUIRE VOTRE PLATEFORME D'AUTEUR POUR AMÉLIORER LA PROMOTION DES LIVRES POUR ENFANTS. 49

CHAPITRE 8: POURQUOI CERTAINS AUTEURS NE RÉUSSISSENT JAMAIS COMME AUTEURS POUR ENFANTS. 57

CHAPITRE 9: DES SOUMISSIONS AU CONTRAT AU MARKETING DU LIVRE À LA PROFESSION D'ÉCRIVAIN. 64

CHAPITRE 10: MARKETING DU LIVRE EN LIGNE.........................71

CHAPITRE 11: ASSUREZ-VOUS D'AVOIR UNE COUVERTURE DE LIVRE REMARQUABLE. 77

CHAPITRE 12: SUGGESTIONS POUR TROUVER DES ÉDITEURS DE LIVRES POUR ENFANTS. 81

CHAPITRE 13: ÉCRIRE POUR LES ENFANTS ET CONVAINCRE LES PARENTS. 85

CHAPITRE 14; AMÉLIORER LA VISIBILITÉ DE VOTRE LIVRE POUR ENFANTS AUTOÉDITÉ. 89

CHAPITRE 15: FAIRE DE VOTRE LIVRE POUR ENFANTS UN BEST-SELLER. 93

CHAPITRE 16: L'UTILISATION DE BOBBLE HEADS PERSONNALISÉS POUR LA PROMOTION. 98

CHAPITRE 17: CONSIDÉR CONSIDÉR CONSIDÉRATIONS À FAIRE AVANT DE PUBLIER UN LIVRE ÉLECTRONIQUE POUR ENFANTS. 103

CHAPITRE 18: DES CONSEILS EN MATIÈRE DE MARKETING DU LIVRE QUI VOUS AIDERONT À VENDRE PLUS D'EXEMPLAIRES. 107

CHAPITRE 19: LES ERREURS À ÉVITER DANS LA PROMOTION DU LIVRE. 111

CHAPITRE 20: PROMOUVOIR VOTRE LIVRE DANS VOTRE QUARTIER. 118

CONCLUSION. 122

INTRODUCTION.

Pour de nombreux écrivains et auteurs, écrire et publier un livre pour enfants est l'ambition de toute une vie. Malheureusement, la plupart des excellents écrivains ne savent pas ou ne comprennent pas les mesures à prendre pour entamer le processus de notoriété et de publication, ce qui rend difficile l'accomplissement de leur rêve.

Avez-vous besoin d'une agence, d'un illustrateur, d'un assistant, d'un consultant ou de services de marketing de livres ?

Savez-vous à quelles maisons d'édition pour enfants vous devez envoyer votre travail en priorité pour obtenir le meilleur profit et le meilleur taux d'acceptation ?

Avez-vous déterminé le type de livre pour enfants que vous avez l'intention d'écrire ?

L'industrie de l'édition de livres pour enfants peut être difficile à naviguer pour les personnes non informées, mais elle est simple pour celles qui ont des connaissances. Écrire et présenter son œuvre sur le marché est un jeu d'enfant pour ceux qui ont de l'expérience.

Vous avez peut-être le prochain best-seller pour enfants, mais si vous ne savez pas comment l'exposer au marché, vous continuerez à vous heurter à des murs, comme la plupart des auteurs de livres pour enfants qui, tragiquement, ne dépassent pas la phase initiale du processus d'édition.

Il sera difficile de trouver une personne digne de confiance pour vous expliquer le fonctionnement de l'ensemble de l'industrie. Les consultants peuvent être coûteux et chevronnés, et les éditeurs de livres pour enfants bien connus divulguent rarement leurs secrets commerciaux à d'autres éditeurs de livres pour enfants. Après tout, pourquoi se mettraient-ils dans une situation où ils pourraient perdre la renommée et les revenus de leur livre ?

Oui, il existe des centaines de publications sur la façon d'écrire, de promouvoir et de publier un livre pour enfants, mais la majorité d'entre elles ne rendent pas le processus de publication simple à comprendre. Si vous suivez la plupart des cours de publication de livres pour enfants, vous découvrirez qu'ils sont inefficaces et risquent de vous faire perdre beaucoup de temps.

Une formule de pilotage automatique qu'aucun autre manuel d'édition de livres pour enfants ne peut égaler. Aucun auteur ne désire passer au peigne fin des centaines de pages de stratégies et de concepts d'édition de livres pour enfants. Pour réussir dans cette industrie du livre d'enfants, vous devez aller droit au but et faire les choses.

L'éducation est essentielle si vous voulez écrire, vendre, faire de la publicité ou publier un livre pour enfants, qu'il s'agisse d'un livre d'images ou d'un livre standard. Des centaines de milliers d'écrivains passent inaperçus chaque année, et de nombreux livres pour enfants d'une valeur inestimable sont mis de côté ou ne sont jamais vendus à une maison d'édition en raison d'un manque d'expertise commerciale. Ne vous trouvez pas dans cette situation !

Vous devez apprendre à cibler votre groupe d'âge, à générer des idées d'histoires, à développer vos personnages, à concevoir un arc narratif, à présenter vos personnages en décrivant leurs caractéristiques physiques et leur personnalité, à établir un problème ou un conflit et à préparer le terrain pour le point culminant.

Le développement des personnages, les intrigues, les conflits et leur résolution, ainsi que les compétences en matière de marketing et de publication sont nécessaires pour devenir un auteur de livres pour enfants à succès. Ce GUIDE explore les stratégies efficaces pour promouvoir les livres pour enfants et devenir des auteurs à succès.

Commençons.

CHAPITRE 1: ÉCRIRE DES LIVRES POUR ENFANTS.

À l'âge adulte, nous nous souvenons tous des livres que nous lisions avec avidité quand nous étions enfants. Je me souviens de la joie que je ressentais chaque vendredi lorsque je rentrais de l'école en courant, sachant que ma grand-mère m'attendait avec le prochain roman de Roald Dahl. The Twits et The BFG sont des contes que je n'oublierai jamais. Et je suis certain qu'ils le seront pour de nombreux autres enfants des années 1980.

Dans ce contexte, je suis gêné lorsque des personnes laissent entendre que la création d'un livre pour enfants est une simple alternative ou un tremplin pour écrire un roman pour adultes. La production d'un livre pour enfants nécessite beaucoup de réflexion, surtout si l'on considère à quel point les jeunes sont sensibles aux influences extérieures.

Il est important de comprendre l'impact que l'écriture et les thèmes du livre auront sur l'enfant. L'écriture d'un roman pour enfants est plus restreinte que celle d'un livre pour adultes.

Le sujet, la terminologie et la longueur doivent être soigneusement étudiés. Un enfant est impressionnable et étudiera les perspectives et les idées contenues dans les livres, ce qui influencera invariablement sa propre vie. Le langage et le vocabulaire de l'enfant auront un impact sur son intelligence et sa scolarité. Ils doivent donc également être évalués de manière appropriée.

Pour cette raison, l'écriture d'un livre pour enfants est extrêmement difficile et nécessite de longues recherches. Ainsi, si le sujet, le vocabulaire et la longueur respectent les directives parentales et éducatives, il est temps de s'engager et d'entrer en contact avec le public visé : l'enfant.

Dans certaines circonstances, un jeune peut être le pire critique d'un adulte. Avec leur naïveté, ils sont certains de faire preuve de sincérité et de sentiments authentiques dans leur forme la plus pure lorsqu'ils lisent votre travail. Ils n'ont pas encore appris à communiquer poliment une critique constructive ; au lieu de cela, ils parlent avec leur cœur comme ils le sentent.

Entrer dans le domaine de l'écriture pour enfants est souvent une entreprise ridiculisée et intrusive. Par conséquent, vous devez avant tout effectuer des recherches. Votre livre sera évalué par les adultes qui explorent le développement de l'enfant à travers la littérature, notamment les parents, les enseignants, le gouvernement et les éditeurs. Les lecteurs individuels évalueront votre roman.

Ce n'est qu'alors que vous pourrez libérer votre talent d'écriture créative. Le monde de l'écriture de livres pour enfants peut être difficile, mais ce sera un métier épanouissant lorsque vous y parviendrez, et les enfants du monde entier liront et aimeront votre livre incroyablement inventif.

L'écriture d'un livre pour enfants nécessite une imagination débordante, de l'inventivité dans le maniement des mots et du zèle. L'élément le plus essentiel est la capacité à percevoir à travers les yeux d'un enfant. Vous devez donc effectuer une étude préalable.

Pour créer du matériel divertissant pour un enfant, il faut avoir une vision nouvelle et curieuse du monde. Pour qu'un enfant soit pleinement engagé, enthousiaste et intéressé par votre livre, il doit pouvoir s'identifier à lui..

Quels sont les centres d'intérêt des enfants d'aujourd'hui ?

Quels sont leurs goûts et leurs dégoûts ?

Quels mots utilisent-ils pour communiquer entre eux ?

Quels livres lisent-ils ?

Avec quels jouets jouent-ils ?

Quelles chansons aiment-ils ?

Quels vêtements portent-ils ?

Quels magazines achètent-ils ?

De quoi ont-ils peur ? Et ce qui les excite?

À partir de là, vous serez en mesure de déterminer le type d'écriture qui permettra d'atteindre efficacement votre public cible et de rendre votre livre célèbre.

Après avoir effectué des recherches exhaustives et étudié les préférences des enfants, vous pouvez passer à l'intrigue. Cette section nécessite l'utilisation de votre talent, de votre énergie et de votre ingéniosité.

C'est la considération la plus cruciale. Vous devez déterminer le type de livre que vous souhaitez écrire, les questions que vous souhaitez explorer, les messages que vous souhaitez transmettre et le résultat souhaité. De nombreux auteurs préfèrent développer leurs livres par le biais d'ateliers participatifs, et s'il s'agit d'un concept commercial, des produits et des suites peuvent suivre.

Par conséquent, tout cela devra être déterminé pendant la création du récit. Assurez-vous que votre décision est cohérente avec les recherches que vous avez effectuées. Incluez même des références aux romans que vous avez appréciés dans votre enfance et à la littérature actuelle. Pendant la rédaction de votre histoire, il est crucial de se rappeler que les enfants ont une capacité d'attention plus courte et moins de concentration que les adultes.

En tant qu'auteur, il est essentiel de maintenir la littérature comme une forme actuelle de divertissement au même titre que la Xbox et la PlayStation. Par conséquent, une histoire doit être simple et directe pour capter immédiatement leur attention. Enfin, elle doit être pertinente, amusante et agréable.

Le langage et le vocabulaire utilisés dans la littérature pour enfants sont également essentiels pour développer leur intelligence et leur concentration. Il est bénéfique d'enrichir son vocabulaire en lisant, mais si un jeune ne peut pas lire les mots, il perdra son intérêt et sa concentration. Il est avantageux d'éviter les phrases complexes qu'un jeune enfant ne peut pas comprendre.

Selon les recherches, un jeune enfant ne valorise pas plus de quelques mots par phrase. C'est un conseil important pour un écrivain débutant, car il est facile de risquer d'embellir et d'élaborer des textes en raison d'une expérience antérieure de l'écriture.

Un livre doit inspirer un développement intellectuel, personnel et émotionnel constructif ; il ne doit donc pas contenir d'argot, de langage grossier ou de sujets inappropriés. L'écriture doit être de la plus haute qualité et d'un niveau approprié à la tranche d'âge, et elle doit inciter les jeunes lecteurs à apprécier leur langue et à vouloir lire davantage.

Les thèmes que vous choisissez d'intégrer dans le récit sont cruciaux et très diversifiés. Un livre peut effectivement encourager les enfants à adopter et à mettre en œuvre des affirmations positives dans leur propre vie. Tant que le conte a une fin heureuse, le livre aura un effet positif sur la vision de la vie de l'enfant. Trop d'influences négatives affectent leur vie à mesure qu'ils grandissent.

Un enfant aimera que ses personnages vivent heureux, ce qui l'encouragera à affronter ses défis avec optimisme. Les personnages doivent avoir des attributs positifs, tels que le courage, l'humour et l'honnêteté, que les enfants peuvent imiter.

La littérature est utile pour inspirer des enfants positifs et en bonne santé et leur procurer de l'évasion et du plaisir. Cela, ainsi que les éléments mentionnés ci-dessus, est nécessaire pour écrire un livre pour enfants réussi. Tant qu'un monde lumineux, heureux et coloré est établi et que les sujets sont significatifs pour un jeune enfant, je suis sûr qu'il sera apprécié.

J'encourage avec enthousiasme tous ceux qui lisent ces lignes et qui pensent pouvoir écrire un livre pour enfants à le faire. Nous avons besoin d'autant d'auteurs de livres pour enfants influents que possible pour maintenir en vie cette forme d'inspiration et de développement de l'enfant.

CHAPITRE 2 : D'EXCELLENTES MÉTHODES DE PROMOTION APRÈS AVOIR ÉCRIT VOTRE PREMIER LIVRE POUR JEUNES ENFANTS.

Les livres pour enfants sont un genre que l'édition électronique ne supplantera jamais totalement. Le kindle ne sera jamais en mesure de rivaliser avec la nature tactile des livres pour enfants populaires.

La plupart des livres contiennent des pages épaisses et durables, des matériaux dans ou sur les pages, et des images détachables ; certains sont imperméables. La production de ces livres est très coûteuse et la catégorie est extrêmement compétitive.

Si vous êtes un nouvel auteur de livres pour très jeunes enfants, vous devez toujours garder le marketing à l'esprit.

Utiliser des brochures tactiles pour promouvoir vos livres.

Un échantillon de vos écrits est l'outil de promotion le plus efficace pour un livre. Vous devez faire preuve d'une grande inventivité lorsque vous produisez des brochures présentant un petit extrait de votre œuvre pour les distribuer aux éditeurs et aux lecteurs.

Si vous établissez un réseau efficace, des brochures intéressantes contribueront à la promotion de votre livre. Comme vous vendez à des parents de jeunes enfants, votre brochure doit être vraiment impressionnante.

Expérimentez avec le design de la brochure et demandez à une imprimerie locale ou en ligne si elle peut ajouter quelque chose d'accrocheur, comme une feuille ou un revêtement miroir, à la page. Si vous choisissez un exemple d'écriture en rapport avec le sujet, les enfants apprécieront la brochure lorsqu'elle leur sera présentée.

Les autocollants sont toujours populaires auprès des enfants.

Alors que des signets contenant un échantillon de votre écriture fonctionneraient bien avec un livre pour adultes, la promotion d'un livre pour jeunes enfants nécessite un peu plus de créativité. Une imprimerie peut vous aider à concevoir des signets avec des autocollants ou des autocollants qui peuvent être insérés dans des livres ou des brochures.

Les autocollants faisant la promotion de vos livres seront plus efficaces s'ils présentent un design frappant avec le titre de votre livre et des graphiques vifs. Les parents sont plus susceptibles d'évaluer favorablement les romans pour lesquels leurs enfants ont démontré un intérêt.

Des badges pour se démarquer.

Lorsque vous rendez visite à des éditeurs ou rencontrez des parents lors de conventions ou de salons du livre, la production de badges à boutons vous sera d'une grande utilité. Les gens seront incités à explorer votre brochure par des macarons représentant un personnage de votre roman. La distribution de macarons à de jeunes enfants pose un problème de sécurité. Cependant, la plupart des parents autoriseront leurs enfants à porter un badge sous surveillance.

Le fait d'enlever le bouton avant de laver les vêtements peut rappeler aux parents votre brochure. Si les enfants se souviennent du bouton le jour suivant, vous aurez plus de chances de réaliser une vente.

Vous pouvez réduire le coût en achetant des boutons vierges en gros et en trouvant un vendeur qui vous imprimera des autocollants bon marché. L'utilisation des autocollants pour fabriquer vos boutons demandera un certain effort.

Dépliants colorés.

La plupart des jeunes enfants ne peuvent résister à l'occasion de colorier. Ainsi, la conception d'un dépliant pour votre livre avec un espace colorable est l'une des méthodes les plus efficaces et les plus rentables pour promouvoir votre livre. L'objectif est de rendre les bordures du dépliant dynamiques et accrocheuses afin que le centre ne demande qu'à être colorié.

Captiver les éditeurs et les lecteurs.

Il s'agit de l'option la plus coûteuse, mais vous seriez surpris de voir à quel point il peut être bon marché de faire imprimer de grandes quantités d'aimants plats pour réfrigérateur. Un personnage de votre première histoire pour enfants peut être imprimé dessus. Les gens hésitent moins à abandonner un aimant ; très souvent, ils deviendront un élément permanent du réfrigérateur de quelqu'un et l'objet de jeu occasionnel des enfants.

Comme pour l'idée du badge, les aimants vierges pour réfrigérateur peuvent être achetés en gros pour une fraction du coût des aimants produits par des professionnels. Vous pouvez concevoir vos aimants personnalisés en commandant des feuilles d'autocollants. Ils ne survivront pas aussi longtemps, mais ils feront l'affaire pour la promotion.

CHAPITRE 3: ACCROÎTRE LA VISIBILITÉ DES LIVRES POUR ENFANTS GRÂCE À DES APPARITIONS D'AUTEURS.

L'engagement de l'auteur dans une campagne de conférences publiques est une technique éprouvée pour diffuser la nouvelle de son livre. Les romans des auteurs qui s'engagent dans des conférences sont davantage remarqués. Certains auteurs ont, à eux seuls, catapulté leurs œuvres au rang de best-sellers en voyageant et en donnant des conférences dans tout le pays.

Même si un auteur ne peut pas voyager et parler souvent en raison d'autres obligations, cette partie du marketing du livre ne doit pas être négligée. Même quelques conférences aideront les auteurs à se constituer un lectorat dévoué et à améliorer les ventes de livres.

Se mettre en route.

Les librairies et bibliothèques locales sont d'excellents endroits où les auteurs peuvent commencer à discuter du sujet de leurs œuvres. De nombreux détaillants (notamment Borders et Barnes & Noble) organisent de brefs séminaires d'auteurs pour leurs clients. Les bibliothèques le font également. Après ces événements, les auteurs qui profitent de ces opportunités peuvent augmenter leurs ventes de livres en vendant des exemplaires dédicacés de leurs œuvres.

Les auteurs de non-fiction ont généralement un sujet d'expression naturelle. Cependant, les auteurs de livres de fiction et de livres pour enfants peuvent créer des occasions de prendre la parole. Pendant le mois national de l'alphabétisation, par exemple, les auteurs de livres pour enfants peuvent se porter volontaires pour lire leurs œuvres dans une librairie ou une bibliothèque (septembre).

Un auteur de littérature pour jeunes adultes peut se porter volontaire pour enseigner aux adolescents un cours d'écriture de fiction courte dans une bibliothèque locale. Les auteurs de romans policiers peuvent profiter du mois des romans policiers organisé par Barnes & Noble en octobre. Ce ne sont là que quelques-unes des nombreuses possibilités qui s'offrent aux auteurs pour organiser des conférences afin de promouvoir leurs romans.

Si la création d'une carrière de conférencier prend du temps, la prise de parole en public peut s'avérer rentable pour les auteurs qui l'intègrent dans leur stratégie de commercialisation de livres. Au départ, les auteurs doivent généralement parler gratuitement et profiter de chaque prise de parole pour vendre des livres. Cependant, les auteurs peuvent faire payer leurs services une fois qu'ils ont établi une activité de conférencier.

Si un auteur n'a pas d'expérience de la prise de parole en public ou s'il a peur de parler devant un groupe, il peut envisager de lire des livres sur la prise de parole en public ou de s'inscrire à des ateliers de prise de parole en public.

Acquisition d'engagements de conférenciers.

Les engagements en tant que conférencier doivent être activement recherchés et cultivés. Les opportunités ne se présentent qu'aux auteurs qui ont développé l'aspect oratoire de leur métier au fil du temps. La plupart des nouveaux orateurs devront investir du temps pour obtenir des engagements.

De nombreux événements incluent des auteurs comme orateurs principaux. Les auteurs peuvent obtenir des engagements en identifiant les événements et les groupes qui s'adressent au public visé par leur livre comme des lieux de présentation potentiels.

Par exemple, un livre sur les pratiques amoureuses sûres pour les adolescents pourrait donner lieu à des engagements de discours dans des collèges et des lycées, ainsi que dans des organisations de jeunesse communautaires et religieuses.

Une fois qu'un événement ou un groupe a été découvert comme lieu de présentation approprié, l'auteur contacte les organisateurs de l'événement ou du groupe et soumet un profil, un sujet de présentation et un synopsis pour examen.

Combien de livres peuvent être vendus en prenant la parole en public ? Cela dépend de l'occasion, de l'orateur et de l'auditeur. Que le nombre de livres vendus soit de trois ou trois cents, chaque intervention est une occasion de se faire connaître. De plus, la publicité génère de futures ventes de livres.

CHAPITRE 4: LES CRITIQUES DE LIVRES, VOTRE OUTIL DE PROMOTION LE PLUS EFFICACE.

Les critiques de livres sont une méthode efficace pour faire la publicité de votre publication. La plupart des lecteurs se fient à des critiques dignes de confiance, car les critiques professionnels sont objectifs et respectés par la plupart des lecteurs. Trouver des critiques dignes de ce nom est un problème pour de nombreux auteurs, surtout pour les moins expérimentés.

Avec plus de 500 000 nouveaux livres publiés chaque année, la demande de critiques a augmenté de façon spectaculaire. Aujourd'hui, il est assez difficile d'obtenir une critique d'un critique largement reconnu. Pour vous donner une idée de l'enjeu,

Publishers Weekly, la première revue du secteur, n'examine que 5 000 livres par an.

Midwest Book Reviews examine environ 490 livres par mois et est l'une des plus grandes organisations d'examen du pays. Néanmoins, il n'y a pas lieu d'être irrité. Les auteurs perspicaces disposent de nombreuses possibilités pour rédiger des critiques perspicaces.

Comment trouver un réviseur?

Il existe de nombreuses sources crédibles vers lesquelles vous pouvez vous tourner. Dan Poynter, un expert de l'édition du plus haut niveau, vous offre la possibilité d'inscrire votre livre pour une critique dans sa lettre d'information numérique intitulée "para-édition". Des auteurs impatients de voir leur nom imprimé vous proposeront de faire une critique de votre livre.

M. Poynter demande aux critiques qui s'inscrivent sur son site Web de ne pas publier de commentaires désagréables. Il précise qu'il ne demande pas au critique de modifier son point de vue. Il vous demande simplement de ne rien dire si vous ne pouvez pas offrir quelque chose de positif.

Les 1000 meilleurs critiques d'Amazon constituent la plus grande collection de critiques professionnels. Toute critique approuvée par cette organisation sera hautement considérée et fiable.

Saisissez "Amazon Top Reviewers" dans votre moteur de recherche pour obtenir la liste des évaluateurs et leur rang. Ne vous attendez pas à recevoir un avis des 50 ou 100 premiers sites Web. Ils sont exceptionnellement occupés et sélectifs. Si vous avez le temps, tentez votre chance. C'est concevable. J'ai une expérience personnelle à ce sujet.

Il est essentiel de prendre en compte plus que ces critiques. Si vous avez écrit un livre de non-fiction, envoyez une demande de critique à des périodiques qui traitent du même sujet. Si elle est acceptée, elle sera vue par des lecteurs de la revue qui ont déjà manifesté un intérêt pour ce sujet et qui ont une forte probabilité d'achat.

Consultez également les journaux locaux. Il existe des sections spécifiques pour les affaires, les personnes âgées, l'alimentation, les voyages et l'immobilier dans le plus grand quotidien. Envoyez votre demande de revue au rédacteur en chef de la section concernée.

Malheureusement, de nombreux journaux ont supprimé leurs sections de critiques de livres, bien que d'autres publient encore des critiques sur d'autres pages. Assurez-vous de contacter les journaux hebdomadaires locaux. Ils sont bien informés et sont constamment à l'affût d'histoires intéressantes sur les réalisations de personnes locales.

Entrez dans la rubrique "Book Reviewers" sur Internet, mais filtrez bien vos réponses. Méfiez-vous des critiques achetées. Elles n'ont pas le même poids que les employés non rémunérés. Cependant, il existe des critiques payantes de grande valeur. ForeWord Magazine a mis en place un système payant qui lui vaudra le respect, tout comme les évaluations payantes de Bookpleasures.com par Normal Goldman.

Évaluations de la prépublication.

Les auteurs passent souvent à côté d'un type de critique qui est d'une importance capitale. Avant la sortie d'un livre, seuls les sept magazines les plus importants de notre secteur effectuent des critiques. La plupart des gens du secteur consultent ces critiques. Une critique positive sur l'un d'entre eux contribuera à assurer des ventes substantielles avant la publication de votre livre.

Les sept principaux critiques avant publication sont Editor's Weekly, New York Times, Library Journal, Kirkus Review et ForeWordMagazine.

Book Review et Booklist (American Library Association)

Si votre livre est destiné aux enfants ou aux adolescents, incluez le School Library Journal. Quatre mois avant la publication, vous devez remettre à l'examinateur des galères de votre livre accompagnées d'une couverture (ou d'une copie). La couverture doit indiquer

"Advanced Review Copy - Not Completely Edited". Même si vous avez une copie achevée du livre, vous ne devez pas la soumettre. L'évaluateur n'acceptera que les copies avancées (ARC).

Vous pouvez choisir de faire appel à un imprimeur numérique spécialisé dans les petits tirages et de faire réaliser des exemplaires reliés. Toutefois, ces derniers doivent également porter la mention ARC sur la couverture. Vous aurez inévitablement besoin de plus d'exemplaires que ceux que vous envoyez à ces critiques.

Vous souhaiterez peut-être promouvoir des clubs de lecture, distribuer des exemplaires à d'autres critiques, joindre un exemplaire de l'ARC aux demandes de soutien et utiliser votre livre à d'autres fins promotionnelles.

Une fois le livre publié, il va sans dire que vous continuerez à solliciter autant de critiques que possible et à vous assurer qu'un nombre important d'entre elles sont placées sur Amazon.com, Barnes & Noble.com, Borders.com et Books-a-Million.com. N'oubliez pas les nombreuses librairies Internet qui sont affiliées à Amazon.

CHAPITRE 5: UTILISER DES IMAGES DE VOTRE LIVRE POUR LA PROMOTION.

En général, les livres comportent au moins deux images : la couverture et la photographie de l'auteur. D'autres publications peuvent comporter de nombreuses photographies intérieures en noir et blanc ou en couleur, des illustrations, des cartes ou d'autres formes de graphiques.

Toutes ces photographies peuvent être utilisées pour commercialiser votre livre, même si les clients achètent en ligne et ne peuvent pas examiner un véritable exemplaire avant d'acheter. Avant la sortie de votre livre, prenez le temps de réfléchir à la manière dont vous pouvez utiliser ces photographies dans votre marketing et sauvegardez-les dans un format qui les rendra facilement accessibles.

S'assurer que vous avez les bonnes photos.

Si vous avez d'autres images à utiliser, indiquez clairement à votre photographe ou à la personne chargée de la mise en page et de la conception que vous les voulez au format jpeg afin qu'elles puissent être utilisées en ligne et dans d'autres formats.

Certains concepteurs de livres peuvent préférer les photos tiff, qui sont parfois supérieures pour la qualité d'impression, alors que les images jpeg sont généralement tout aussi bonnes. Étant donné que l'Internet aime les jpegs, vous ne pourrez pas télécharger vos photographies tiff en ligne. Changer de format d'image peut ne pas être un problème si vous êtes familier avec Photoshop ou une autre application qui vous permet de recadrer et de modifier des photographies.

Vous pouvez aussi apprendre à modifier des images pour avoir plus d'alternatives à l'avenir. Si vous voulez des photos prêtes à l'emploi, veillez à informer votre expert en mise en page de livres que vous souhaitez que les recadrages ou les modifications qu'il effectue soient reproduits exactement tels qu'ils apparaissent dans votre livre. Vous disposerez ainsi des meilleures images à utiliser dans vos efforts de marketing. Même si votre livre n'est imprimé qu'en noir et blanc, vous devez demander ces photos au format jpeg et en couleur.

Dans un livre, les images en noir et blanc sont acceptables, mais en ligne, la couleur est attendue. En outre, les photos destinées aux livres doivent généralement être de haute qualité, par exemple 300 dpi, tandis que les images publiées en ligne doivent avoir une résolution réduite, par exemple 72 dpi, car elles prendront peu de temps à charger sur une page web.

De multiples méthodes de marketing pour les images de votre livre.

Si vous êtes un auteur débutant et que vous lancez votre premier site Web, vous voudrez qu'il reflète la couverture de votre livre ou qu'il en reflète la substance. Utilisez des thèmes, des couleurs, des photos et des images qui correspondent au ton, au but et au contenu de votre livre.

Utilisez ces photos comme un aperçu pour encourager les lecteurs à acheter le livre. Vous ne voulez pas vous contenter d'un site Web qui entre en conflit avec la couverture de votre livre ou ses graphiques, ni utiliser des modèles préétablis qui ne présentent pas l'image appropriée ou, pire, qui sont contradictoires. Consultez le concepteur de votre site Web pour tirer le meilleur parti de la couverture et des autres photos.

Tout comme votre site Web, votre blog doit représenter le concept et le contenu de votre livre ainsi que votre identité d'auteur. Quelques photos de votre livre, comme une photo d'auteur ou une page, peuvent être publiées sur le blog en utilisant le modèle du site. Ensuite, ajoutez vos autres photographies à votre blog, une ou deux à la fois.

Il s'agit là d'un domaine dans lequel vous voudrez disposer d'un grand nombre de photos au format jpeg. Ainsi, si vous écrivez un blog quotidiennement ou même quelques fois par semaine, vos images seront toutes facilement disponibles et déjà recadrées et dimensionnées pour vous faire gagner du temps.

Publiez des extraits de votre livre et accompagnez-les de photos de livre appropriées. Alternez les posts de votre livre avec des posts sur vous-même ou sur des choses que vous avez faites, et continuez à prendre et à publier vos images.

Pour bloguer efficacement avec des images, vous devrez peut-être apprendre à utiliser un programme tel que Fireworks ou Photoshop afin que vos photos soient d'excellente qualité et qu'elles soient recadrées ou modifiées pour un effet optimal.

Étant donné que les internautes devront probablement faire défiler la page pour lire l'intégralité de votre article, placez une image en haut de l'article pour qu'elle attire immédiatement l'attention, plutôt que de l'enterrer plus bas sur la page. Taquinez vos internautes en affichant une ou deux de vos plus belles photographies d'un

CHAPITRE et en leur faisant savoir que le livre contient d'autres images.

À l'ère des réseaux sociaux, les gens aiment parcourir les albums photo en ligne des autres. Que ce soit sur Facebook, Instagram, TikTok ou un autre site qui vous permet d'ajouter des photos ou des images à un album, créez un album photo pour votre livre, ou plusieurs albums pour différentes parties de votre livre. Les gens seront plus intéressés par votre livre s'il contient des photographies. N'hésitez pas non plus à utiliser certaines de ces photos pour votre profil.

Vidéos de présentation du livre : Créez une vidéo de présentation de votre livre. Reader Views est une société professionnelle de promotion du livre qui produit des films d'avant-première pour les auteurs. Vous devrez soumettre une douzaine ou plus des meilleures photos de votre livre au format jpeg pour les utiliser dans le film.

Vous pouvez inclure un script de voix-off ou en faire créer un pour vous aider à faire correspondre les mots prononcés avec les photos appropriées. Même si votre livre ne contient pas beaucoup de photographies, voici une raison de découvrir d'autres images qui vous aideront à promouvoir le livre, à condition de les payer ou d'utiliser des images libres de droits.

Cartes postales et autres supports marketing : Envisagez toutes les options de promotion du livre au-delà de celles énumérées ci-dessus. Si vous avez écrit un livre d'histoire ou de voyage, vous aimerez peut-être transformer vos photographies en une série de cartes postales.

Si les touristes sont enclins à acheter votre livre, ils achèteront également vos cartes postales. Les cartes postales étant généralement peu coûteuses, vous pourrez en vendre un grand nombre. Choisissez cinq ou six de vos meilleures photographies et créez une série de marque-pages ; pour les romans pour enfants, vous pouvez créer un marque-page pour chacun des personnages du livre.

Et pourquoi pas des cartes de notes, des affiches, des calendriers, des cartes à collectionner pour enfants, des tasses à café, des sacs fourre-tout, des puzzles et peut-être une ligne de T-shirts ? Même si vous ne mentionnez pas votre livre sur tous ces objets, vous pouvez générer de l'argent supplémentaire grâce à vos photographies et vendre ces produits en plus de votre livre sur votre site Web.

La boutique de cadeaux du quartier n'est peut-être pas intéressée par la vente de vos livres, mais elle peut être intéressée par la vente de vos calendriers ou de vos t-shirts. Ne vous limitez pas. Faites la promotion et la vente de vos photographies, avec ou sans le livre.

Les images sont essentielles au marketing d'un livre. Les gens aiment regarder des photos, et elles captent l'attention du lecteur alors qu'un simple texte ne le ferait pas. Utilisez vos photographies pour susciter l'intérêt et commercialiser votre livre de toutes les manières possibles. Faites preuve d'imagination pour que ces photographies puissent générer plus d'argent en tant qu'auteur.

CHAPITRE 6: COMMENT PROMOUVOIR VOTRE LIVRE ÉLECTRONIQUE POUR ENFANTS PAR LE BIAIS DE CONFÉRENCES.

Traditionnellement, les auteurs qui publient un nouveau livre se lancent dans une "tournée du livre" composée de signatures, de présentations, de discours et d'entretiens avec les médias dans tout le pays. Bien que beaucoup de ces activités se soient déplacées en ligne au cours de la dernière décennie, les conférences sont une méthode efficace pour vendre des livres et construire un public.

Il n'y a aucune raison pour que les auteurs Kindle ne puissent pas profiter de ces avantages, même s'ils n'ont pas d'exemplaires physiques à vendre au fond de la salle ou à brandir sur le podium.

Localisez votre tournée de conférences Kindle. Chaque municipalité ou groupe possède une chambre de commerce et recherche continuellement des conférenciers pour le petit-déjeuner ou le déjeuner. Dans de nombreuses régions, il existe également des organisations locales indépendantes de mise en réseau.

Si vous ne connaissez pas l'environnement de réseautage de votre communauté, parlez-en à un banquier local, à un agent immobilier ou au propriétaire d'une entreprise de services locale, ou renseignez-vous auprès du Small Business Development Center ou du bureau de développement communautaire le plus proche.

Le sujet de votre livre peut intéresser des groupes spécialisés, tels que les clubs de jardinage, les organisations politiques et les églises. Examinez les calendriers des événements dans votre journal local ou en ligne pour savoir quelles organisations organisent régulièrement des événements publics avec des conférenciers.

Dressez une liste des organisations qui pourraient être intéressées par votre intervention. Pour chacune d'entre elles, appelez ou envoyez un courriel à l'organisation et demandez le nom et les coordonnées du coordinateur de la conférence.

Contactez ensuite cette personne par téléphone ou par courriel et proposez vos services en tant que conférencier. Incluez une brève biographie, une description de votre livre électronique Kindle, ainsi qu'un résumé du sujet que vous comptez aborder et des raisons pour lesquelles il intéresserait les membres du groupe. En général, l'étape suivante consiste à fixer une date pour votre discussion.

En outre, la plupart des bibliothèques publiques disposent d'une salle de réunion où elles autorisent ou accueillent les interventions. Visitez la bibliothèque de votre communauté et demandez qui organise les réunions. Présentez-vous et proposez de prendre la parole. Cela a toujours fonctionné pour moi, où que j'aie vécu.

Vous pouvez également contacter les entreprises locales disposant de salles de conférence pour savoir si elles souhaitent accueillir un petit événement pour leurs clients. Décrivez comment cela leur permet d'être utiles aux yeux de leurs clients. Votre sujet ne doit pas être directement lié au travail de ces professionnels pour que cette stratégie soit efficace.

Par exemple, si votre brochure enseigne aux parents comment aider leurs enfants à développer de meilleures aptitudes à l'étude, un avocat, un comptable ou un thérapeute rendrait service à ses clients qui ont des enfants en accueillant votre conférence sur ce sujet dans son bureau.

Les activités non locales demandent beaucoup plus de planification, car elles doivent être programmées en fonction de votre disponibilité à vous rendre à un certain endroit.

Certains auteurs d'ebooks ont du mal à s'en sortir parce qu'ils n'ont rien de concret à vendre lors de leurs interventions. Comment pouvez-vous alors inciter les participants à acheter ? C'est simple ! Créez des prospectus avec ce que l'on appelle un code QR (si vous tapez sur Google "générateur de code QR gratuit", vous trouverez des sites Web où vous pourrez en générer un pour votre ebook).

Les personnes du public qui possèdent un smartphone peuvent scanner le code QR pour accéder à la page de vente de l'ebook. Incluez une URL conventionnelle pour votre page de vente sur le flyer pour les personnes sans smartphone. Ils ramèneront le flyer chez eux et achèteront votre ebook sur leur ordinateur personnel.

Envoyez un communiqué de presse aux journaux locaux chaque fois que vous effectuez les actions ci-dessus si l'événement est accessible au public. Souvent, une prise de parole est un prétexte pour rédiger un long article sur le livre ou l'entreprise en question. Cela peut générer des ventes auprès de personnes qui n'ont pas assisté à votre présentation.

CHAPITRE 7: COMMENT CONSTRUIRE VOTRE PLATEFORME D'AUTEUR POUR AMÉLIORER LA PROMOTION DES LIVRES POUR ENFANTS.

En tant qu'auteur de livres pour enfants, vous avez probablement souvent rencontré le terme de plateforme d'auteur, mais vous vous demandez peut-être : qu'est-ce qu'une plateforme et comment puis-je en obtenir une ?

Votre plateforme d'auteur détermine votre portée sur le marché et est essentielle pour vos efforts de marketing. Si vous souhaitez conclure un contrat avec un éditeur commercial classique, vous devez disposer d'une plateforme d'auteur solide. Lorsqu'ils évaluent les propositions de livres, les éditeurs veulent savoir si vous êtes bien connu et si vous serez efficace pour faire la publicité de votre livre après sa publication.

Avant d'écrire un livre ou une proposition de livre, c'est le moment idéal pour commencer à construire votre plateforme d'auteur, car elle a besoin de temps. Cependant, vous pouvez continuer à construire votre plateforme d'auteur quelle que soit l'étape du processus d'édition..

Il existe de nombreuses définitions de la plateforme d'auteur, mais elles se résument toutes à trois éléments:

- Image de marque.

- Réputation.

- Mise en réseau.

Image de marque.

L'image de marque vous distingue sur un marché encombré et vous rend mémorable. Votre slogan d'auteur est l'un des aspects les plus importants de votre marque ; il s'agit d'une représentation concise et attrayante de ce que vous faites.

Voici quelques exemples de slogans d'auteurs:

- Le chasseur de publicité.

- Le docteur en amour.

- Le pro de la productivité.

- L'auteur de romances risquées.

- L'auteur de mystères à suspense.

- Auteur de la série Détective McGee.

- Auteur de livres instructifs pour enfants.

Utilisez votre slogan comme titre, après votre nom, dans les documents publicitaires et dans votre signature. Je me présente, par exemple, sous le nom de Dana Lynn Smith, The Savvy Book Marketer.

Votre photo d'auteur est un atout promotionnel supplémentaire. Procurez-vous une photo d'aspect professionnel et utilisez-la partout pour accroître votre visibilité. Professionnel n'implique pas nécessairement une image de studio ; réfléchissez à la manière dont l'arrière-plan, la pose et la tenue de votre photo d'auteur peuvent refléter votre marque et les genres de livres que vous écrivez. Partout où votre photo apparaît, fournissez toujours une légende avec votre nom et votre slogan.

L'image de marque de l'auteur peut inclure votre logo, vos couvertures de livres, votre palette de couleurs, votre style particulier d'écriture ou d'expression orale et vos titres universitaires. Ensemble, ces caractéristiques créent une marque reconnaissable qui vous rend mémorable et améliore la crédibilité de votre plateforme d'auteur.

Considérez les mesures que vous pouvez prendre pour améliorer votre marque.

Réputation.

La réputation est une mesure de votre notoriété, de ce pour quoi vous êtes connu et de votre crédibilité. Tenez compte des éléments suivants lors de la promotion de votre livre:

- Disposez-vous d'un diplôme, d'une formation ou d'une expérience substantielle dans le domaine qui vous intéresse et/ou sur lequel vous écrivez ?
- Êtes-vous titulaire d'une qualification professionnelle dans votre domaine d'expertise, ou pouvez-vous en acquérir une ?
- Quels honneurs ou distinctions avez-vous reçus?
- Quelle expérience des médias possédez-vous ?
- Combien de personnes vos discours et interviews mensuels touchent-ils ?
- Combien de personnes visitent votre blog ?

- Combien d'articles avez-vous rédigés, postés ou publiés au cours du mois dernier ?
- Quelle est votre notoriété et dans quelle mesure votre nom est-il reconnaissable ?
- Quels rôles de direction occupez-vous ?
- Pourquoi les gens devraient-ils vous écouter ou lire vos œuvres?

Les auteurs de non-fiction peuvent acquérir une réputation d'autorité sur leur sujet en produisant des livres et des articles, en prononçant des discours et en enseignant, en participant à des émissions-débats, en étant mentionnés dans les publications d'autres auteurs et en rédigeant la préface d'autres livres.

Les auteurs de fiction peuvent devenir célèbres pour leur style d'écriture et leur maîtrise d'un genre particulier (comme les livres pour enfants, la science-fiction, la romance ou le mystère) ou leur spécialisation dans un genre (histoires de vampires, aventures romantiques).

Votre plate-forme et votre réputation d'auteur peuvent être renforcées par l'obtention de récompenses, de critiques de livres exceptionnelles et de témoignages et d'approbations de célébrités et de professionnels du secteur.

Que pouvez-vous faire pour améliorer le nombre de personnes que vous touchez grâce à vos efforts de promotion du livre et pour renforcer votre réputation d'auteur et votre statut d'expert ?

Comment vos supports marketing peuvent-ils mettre en valeur vos références?

Connexions.

Lorsque vous faites la promotion d'un livre, qui vous connaissez est plus important que ce que vous connaissez!

Pour vendre des livres sur le marché actuel, vous devez avoir des relations. Voici quelques exemples de liens que les auteurs peuvent utiliser pour promouvoir leurs livres:

- Base de données de contacts - Clients, prospects, collègues de travail, amis et famille.

- Liste de diffusion opt-in - Personnes qui vous ont autorisé à les contacter.

- Influenceurs - Célébrités, personnalités de votre secteur, critiques de livres, médias et blogueurs.

- Connexions sur Facebook, Twitter et autres réseaux sociaux en ligne, groupes et forums.

- Lecteurs de blogs - Personnes qui consultent votre blog ou s'abonnent à son flux.

- Associations professionnelles - Membres et dirigeants de l'association. Les postes de direction augmentent la visibilité d'une personne au sein d'une entreprise.

- Autres organisations - Associations d'anciens élèves, groupes civiques et de service, clubs de loisirs, etc.

CHAPITRE 8: POURQUOI CERTAINS AUTEURS NE RÉUSSISSENT JAMAIS COMME AUTEURS POUR ENFANTS.

1 - Être trop intéressé par le résultat - Personne ne veut croire que le livre sur lequel il a travaillé pendant des heures, des semaines ou des mois va échouer. C'est inévitable, et vous devez vous y préparer.

Les livres que vous considérez comme votre meilleur travail ne parviendront pas à s'imposer, tandis que ceux que vous avez créés avec la moitié de vos efforts s'élèveront plus haut que vous ne l'auriez jamais imaginé. Cela peut résulter d'une nouvelle tendance, d'un coup de chance ou d'autres circonstances inconnues.

À ne pas prendre personnellement. De nombreux auteurs en herbe abandonnent lorsque leur premier livre ne répond pas à leurs attentes. Même si vous avez fait tout ce qui était en votre pouvoir pour contribuer au succès de votre dernier produit, il peut être difficile de constater son échec.

Si vous avez épuisé toutes les options possibles, tirez un trait sur le passé et passez à l'entreprise suivante. Trop d'auteurs gaspillent de l'argent en essayant de fabriquer quelque chose qui n'aura jamais de succès. Ne vous attachez pas trop au résultat.

2 - Anticiper la retraite après avoir publié un livre - Contrairement aux films hollywoodiens dans lesquels le protagoniste tape "La fin" sur la dernière page de son manuscrit et celui-ci se vend comme des petits pains, la vie suit malheureusement ses propres règles, et l'une d'entre elles est que vous devez faire des efforts pour avoir de la chance. Comparé aux centaines ou aux milliers de livres publiés chaque semaine, votre livre est une goutte d'eau dans l'océan : la générosité.

Si vous comparez un site web d'une page à un site de dix, vingt ou cent pages, il est évident que le site ayant le plus grand nombre de pages sera découvert par un plus grand nombre de personnes, mais ne vous découragez pas. Vous pouvez augmenter les chances de succès de votre livre en le distribuant dans le plus grand nombre possible de librairies en ligne et de librairies de détail. Plus il y a d'endroits où les gens peuvent vous trouver, mieux c'est.

Ne pensez donc pas qu'un seul livre suffira. Travaillez sur vos deuxième et troisième versions. Ensuite, lorsque vous aurez établi un lien avec votre public, vous aurez encore plus de livres à lui faire dévorer.

3 - Ne jamais demander de critiques - Soyons francs, nous ne sommes pas tous du genre à vendre, et l'idée de nous aventurer au-delà de notre cercle d'amis et de famille pour colporter notre dernier chef-d'œuvre peut être intimidante, mais si vous êtes tourmenté par des pensées telles que "Et si les gens n'aiment pas ?" et "Et si les seules critiques que j'obtiens sont négatives ? Vous êtes voué à l'échec.

Si vous souhaitez réussir dans le secteur de l'édition, vous devez vous préparer à l'éventualité que votre livre ou vous-même ne plaisent pas à tout le monde. Ces personnes ont levé la main et déclaré : "Je ne suis pas votre public." Alors, votre objectif est de trouver votre public. Vous vous rendez un mauvais service en ne demandant pas de critiques ou en ne présentant pas votre livre au plus grand nombre de personnes possible.

4 - Faire cavalier seul - Avez-vous déjà observé un artiste qui fait tourner des assiettes ? Vous l'observez avec étonnement courir d'une assiette lente à une autre, l'accélérer et l'équilibrer avant de revenir à la première. Si cela vous décrit, vous et votre écriture, il ne vous reste plus qu'à attendre que tout s'écroule et que vous abandonniez en désespoir de cause.

Chaque grande maison d'édition dispose d'équipes qui accomplissent les nombreuses tâches nécessaires à la production et à la commercialisation d'un livre. Avant qu'un livre n'arrive sur les étagères, il est revu par des correcteurs, des rédacteurs, des designers, des illustrateurs et un groupe de marketing. Si vous portez toutes ces casquettes, vos romans n'auront jamais le succès escompté. Je le sais par expérience personnelle.

Si vous n'avez pas les ressources nécessaires pour engager quelqu'un pour toutes ces activités, commencez petit et identifiez quelqu'un qui peut s'occuper de vos responsabilités les plus faibles. Allez sur Fiverr.com et engagez quelqu'un pour créer vos couvertures de livres si vous ne voulez pas créer les vôtres.

Ensuite, engagez quelqu'un ayant des compétences en matière de rédaction pour composer les blurbs et les descriptions de votre livre, puis un spécialiste de la promotion du livre. Cela n'a pas besoin d'être complexe ou coûteux. Plus vous continuerez à jouer tous ces rôles, plus il vous faudra du temps pour atteindre le succès.

Ne pas examiner votre écriture comme le ferait un chef d'entreprise - McDonald's n'ouvrirait jamais un restaurant dans une zone où personne ne se promène, Walmart ne chargerait jamais ses rayons d'articles que personne ne désire, et Amazon ne vous vendrait jamais un seul article sur votre chemin vers la page de paiement.

Pourtant, combien d'auteurs commettent ces erreurs ? Écrire pour un public qui n'existe pas, publier des livres dont personne ne veut, et n'avoir qu'un seul livre à vendre par opposition à une série. Trop nombreux, et c'est ainsi que vous devriez vous concentrer sur votre écriture et vos livres à l'avenir.

Si quelque chose est inefficace, vous fait perdre de l'argent ou vous fait perdre trop de temps, laissez tomber et passez à autre chose. Concentrez votre temps et votre énergie sur ce qui fonctionne et répétez la procédure.

Si un livre a du succès, créez une suite, une préquelle ou toute autre suite qui vous apportera des revenus supplémentaires. Si vous avez dépensé 100 dollars pour promouvoir votre dernier livre et que vous n'en avez gagné que 50, je suis sûr que je n'ai pas besoin de vous dire que c'était une mauvaise décision commerciale.

En fin de compte, un livre est un atout, ni plus ni moins. Rejetez l'idée qu'il s'agit d'une œuvre d'art ou d'une indication de qui vous êtes. Les personnes qui ont ce point de vue vivent la vie d'un artiste affamé - les personnes qui considèrent leurs livres comme une entreprise qui est soit rentable, soit non rentable, n'en ont pas besoin.

CHAPITRE 9 : DES SOUMISSIONS AU CONTRAT AU MARKETING DU LIVRE À LA PROFESSION D'ÉCRIVAIN.

L'apprentissage du métier d'écrivain est la pierre angulaire de l'écriture de romans pour enfants ou de tout autre genre. En tant qu'auteur pour enfants, vous devez saisir les directives et les techniques uniques permettant d'écrire des histoires adaptées à l'âge des lecteurs, avec un vocabulaire et des intrigues adaptés à leur âge.

Une fois que vous aurez pris le temps de maîtriser vos compétences et que vous aurez évalué, révisé et édité votre manuscrit, la route traditionnelle des livres d'écriture pour enfants se poursuivra avec les soumissions, la promotion et une carrière d'écrivain.

Écrire des livres pour enfants : Soumissions.

Avant d'envisager de soumettre votre travail où que ce soit, assurez-vous que vous avez pris les mesures essentielles pour maîtriser le métier d'écrivain. Votre manuscrit doit être aussi soigné que possible.

Il existe deux types de soumissions : celles destinées aux éditeurs et celles destinées aux agences. J'ai recommandé de "faire des recherches sur les agents" avant de leur soumettre un manuscrit.

Avant de soumettre une question à un agent, il faut connaître ses intentions, surtout avant d'apposer la signature d'un contrat. Cela implique de déterminer le type d'agent qu'il est, le genre qu'il représente et la plateforme d'agent qu'il offre : satisfont-ils leurs auteurs ou font-ils claquer le fouet ? Sont-ils passifs, agressifs, impliqués ou complaisants ?

Le même conseil s'applique à la soumission aux éditeurs : avant de soumettre un ouvrage à un éditeur, faites des recherches sur lui. Sachez quels genres de livres pour enfants ils publient et quels types d'intrigues ils recherchent.

Qu'il s'agisse d'un éditeur ou d'un agent, vous devez toujours respecter les exigences de soumission et personnaliser la question. Il peut arriver que les directives ne précisent pas le nom de l'éditeur à qui la question doit être envoyée, mais si vous pouvez trouver cette information, utilisez-la.

Il est également essentiel de savoir comment présenter votre histoire. Cela implique de découvrir l'accroche de l'histoire. Les agents et les éditeurs s'intéressent également aux éléments de vente du livre et aux similitudes avec d'autres publications à succès.

En outre, ils souhaiteront être informés de votre approche marketing. Avant de soumettre votre travail, vous devez établir une présence et une plate-forme sur Internet ; informez les agents et les éditeurs que vous allez promouvoir votre livre de manière agressive.

En plus de l'accroche du récit, vous devez transmettre : qui est votre personnage principal et ce qu'il représente ; l'action qui propulse l'histoire ; la difficulté du personnage principal ; et, si l'obstacle n'est pas surmonté, ce qui est en jeu.

Examinez "le dos des livres publiés" pour déterminer avec quelle concision et quelle efficacité ils expriment la substance de l'histoire. Vous aurez ainsi un exemple de la façon de rédiger votre résumé.

Faites en sorte que votre question soit brève et professionnelle, et que votre biographie soit concise et pertinente. Vous devez captiver l'éditeur ou l'agent et l'inciter à lire votre manuscrit..

Voici quatre outils qui peuvent vous aider dans votre recherche d'un éditeur ou d'un agent:

1. Où vendre son travail et comment le faire.

Plus de 700 annonces d'éditeurs de livres, de revues, d'agents, de représentants d'artistes, etc. WritersMarket.com est une plate-forme en ligne qui peut vous aider à commercialiser vos écrits.

2. Le contrat de livre.

Si vous faites vos recherches, votre roman finira par trouver un foyer. Si vous recevez vos premiers refus, ne les laissez pas vous décourager. Un auteur publié n'est peut-être pas le meilleur écrivain, mais il est sans aucun doute un auteur persévérant.

Vous devriez demander une explication si vous ne comprenez pas quelque chose dans votre contrat. Après avoir signé un contrat, vous serez "placé dans la file d'attente" et commencerez à un moment donné à travailler avec l'éditeur de l'éditeur. Un à deux ans peuvent s'écouler entre le début de la procédure de publication et la sortie effective de l'ouvrage.

3. Promotion du livre.

Quelques mois avant la sortie de votre livre, vous devez commencer à en faire la promotion pour stimuler les ventes. Pour ce faire, vous devrez créer un site Web et une plateforme d'auteur ; vous devrez faire votre propre promotion et celle de votre œuvre.

Après la publication de votre livre, vous devrez vous engager dans des tournées virtuelles de promotion du livre, des interventions sur des blogs et des radios, des visites d'écoles et d'autres techniques typiques de promotion du livre. Vous pouvez soit vous en charger vous-même, soit faire appel à une entreprise de promotion du livre ou à un publiciste.

4. Une carrière d'écrivain.

Maintenant que vous avez votre livre, vous le poussez comme un fou (c'est un processus continu). L'étape finale et ultérieure consiste à répéter la procédure. Vous ne voudrez pas être un "one-hit wonder", alors j'espère que vous avez déjà écrit d'autres articles. Si ce n'est pas le cas, commencez immédiatement. Un auteur publie un livre tous les un à deux ans en moyenne.

En plus d'entretenir votre enthousiasme pour la création de livres pour enfants, la publication de livres vous ouvre la porte à d'autres options d'écriture, comme les conférences, les ateliers et/ou téléséminaires et le coaching.

De nombreux spécialistes du marketing affirment que votre "livre" est votre carte de visite ou votre carte professionnelle ; il démontre vos capacités et fait de vous une autorité dans votre profession ou votre spécialité. Tirez parti de ces nouveaux canaux d'exposition et de revenus.

CHAPITRE 10: MARKETING DU LIVRE EN LIGNE.

Si vous avez terminé le lancement du livre, les communiqués de presse, les interviews avec les médias, les discussions dans les bibliothèques, les dédicaces dans les magasins, les visites dans les écoles, etc. et que vous ne savez pas quoi faire ensuite, vous pouvez faire la promotion de votre livre en ligne.

Des millions de sites Web et de blogs s'adressent aux lecteurs, aux auteurs, aux éducateurs, aux enfants, aux adolescents, etc., et des centaines (voire des milliers) d'autres traitent de chacun des sujets et préoccupations abordés dans votre livre.

Considérez chaque site web et chaque blog comme un "lieu virtuel" pour la promotion de votre livre.

Il existe deux techniques principales pour y parvenir:

1. Le propriétaire du site Web ou du blog (ou un membre du personnel) vous envoie une série de questions par courrier électronique, auxquelles vous répondez. Ensuite, vos réponses (potentiellement modifiées) à leurs questions sont placées sur leur site web. Ils peuvent également en faire la promotion dans leur lettre d'information ou leur magazine électronique ou inciter leurs abonnés à vous soumettre des questions.

2. Pièces : Vous vous arrangez pour rédiger un ou plusieurs brefs articles qui seront publiés sur leur site web ou dans leur bulletin d'information.

Après chaque interview ou article, vous pouvez mentionner votre livre et l'endroit où il peut être acheté. C'est votre rémunération. Vous ne devez pas attendre de rémunération pour l'interview ou l'article lui-même ; vous le faites pour la publicité, pas pour l'argent.

Dressez une liste de tout ce que votre livre couvre, y compris le thème principal, les sous-thèmes, les lieux, les problèmes, etc. Incluez les éléments que vous avez étudiés pendant l'écriture du livre, même s'ils ont été supprimés de la version finale.

Il y a d'autres domaines sur lesquels vous avez maintenant une connaissance approfondie, comme la rédaction d'un livre, la recherche d'un agent ou d'un éditeur, l'autoédition éventuelle, la recherche et la collaboration avec un artiste de couverture, les discours, les dédicaces, etc. Vous serez probablement étonné par la taille de votre liste finale.

Chacun de ces thèmes sera couvert par un nombre impressionnant de sites Web et de blogs, et beaucoup de ces plates-formes Internet recherchent du contenu frais. Par conséquent, utilisez votre moteur de recherche préféré pour rechercher chaque élément de votre liste.

Il y aura probablement des millions de résultats pour chaque sujet. Examinez les deux premières pages des résultats de recherche et sélectionnez une poignée de sites Web parmi les plus pertinents. Envoyez ensuite un courrier électronique aux propriétaires des sites pour leur demander s'ils souhaitent réaliser une interview avec vous ou vous demander d'écrire un article pertinent pour leur site.

Consignez les sites que vous avez contactés et leurs réponses (le cas échéant). Si les sites les plus importants ne répondent pas, réessayez une semaine plus tard et éventuellement une semaine après. Vous pouvez également envisager de les contacter par téléphone ou par courrier plutôt que par e-mail.

N'abandonnez pas ces grands sites Web tant que vous n'avez pas reçu un "Oui" ou un "Non" définitif - ils reçoivent probablement des milliers de visiteurs. Imaginez une séance de dédicace de livre dans le monde réel à laquelle participent des milliers de personnes. Vous ne voulez pas qu'une telle chance soit perdue parce que le propriétaire du site était trop occupé pour répondre à votre courriel.

La promotion du livre en ligne présente des avantages considérables par rapport à la participation à des événements promotionnels en personne.

- Aucun déplacement n'est nécessaire, ce qui vous fait gagner beaucoup de temps et d'argent.

- Vous ne serez jamais à court d'endroits à visiter ; il vous suffit de passer à la page suivante des résultats de recherche ou au prochain élément de votre liste.

- Vous pouvez visiter plusieurs endroits en une journée.

- Vous pouvez couvrir une zone beaucoup plus grande - la planète entière.

- Même le plus petit site en ligne a généralement un public beaucoup plus large qu'une simple séance de dédicace en personne.

- Votre article ou votre interview restera généralement en ligne et continuera à générer des revenus pendant des années.

- Vous n'avez pas besoin d'avoir une voix magnifique ou de savoir trouver des réponses rapides.

Une fois que vous aurez réalisé quelques-uns de ces articles ou interviews, cela deviendra beaucoup plus simple, car vous pourrez recycler les mêmes commentaires et concepts fondamentaux avec peu de modifications.

Toutefois, comme il n'existe pas deux présentations ou interviews identiques dans le monde réel, vous devez vous efforcer de rendre chaque événement en ligne unique. Essayez d'adapter votre écriture au ton et au public de chaque site Web.

Considérez le temps que vous consacreriez à la préparation, au déplacement et à la présentation d'un événement similaire dans le monde réel. Vous serez en mesure de réaliser l'événement en ligne en une fraction du temps et obtiendrez probablement de bien meilleurs résultats, le tout sans quitter votre bureau.

CHAPITRE 11: ASSUREZ-VOUS D'AVOIR UNE COUVERTURE DE LIVRE REMARQUABLE.

On dit que l'on peut juger un livre à sa couverture. Ce n'est pas tout à fait exact. Il peut y avoir des livres excellents avec des couvertures médiocres et des livres moyens avec des couvertures excellentes. Il y a une certitude. Les excellentes couvertures de livres font vendre des livres.

J'ai eu quelques livres dont une couverture fonctionnait exceptionnellement bien, et l'autre pas. Mon erreur a été de tenter de donner une marque à une série du même auteur en essayant de faire correspondre le design du deuxième livre à celui du premier.

Le problème était que le deuxième livre portait sur un sujet différent et nécessitait une approche différente. La prochaine fois, je m'appuierai sur mon expérience professionnelle et fournirai des informations sur le marché cible. J'ai cependant quelques commentaires à faire sur le style de la couverture.

J'adore la simplicité et l'audace. Je veux que l'acheteur reconnaisse immédiatement le titre et le sujet du livre. Je veux que le titre et le sous-titre soient clairs, sauf si le sous-titre est destiné à élucider le contenu. Je parle d'expérience personnelle.

J'ai publié un livre sur la rédaction d'essais intitulé I Wish I'd Had This When I Was in School, il y a plus de dix ans. Même si le titre était gros et gras, il n'indiquait pas la substance du livre. Le titre de votre livre doit véhiculer une personnalité distincte, en particulier dans le secteur de la non-fiction.

J'ai toujours évité de surcharger une couverture avec trop de contenu. Nous avons tous vu des couvertures de livres où chaque centimètre carré est chargé de graphiques ou de textes promotionnels. C'est excessif. De plus, cela ne peut pas être lu de loin.

J'aimerais qu'un acheteur puisse lire ce titre à au moins trois ou quatre mètres de distance dans une librairie.

Cela m'amène au point suivant : l'espace blanc. Les pages contenant beaucoup de texte doivent comporter des espaces blancs. Je ne vous recommande pas d'utiliser le blanc comme fond pour une couverture de livre, même si, comme vous pouvez le deviner, cela fonctionne exceptionnellement bien pour certains livres.

Certains auteurs conseillent d'utiliser plutôt "une couleur, une texture ou une illustration en toile de fond". En outre, un espace blanc est nécessaire, mais pas un fond blanc.

Ce que je n'ai pas fait lors de la sélection d'un design pour un livre d'affaires, c'est examiner de près des couvertures de livres similaires. J'ai bien vérifié les comparaisons de prix, mais pas les modèles de couverture. Rendez-vous dans votre librairie locale si vous lisez actuellement un livre d'affaires, un livre pour enfants ou tout autre genre. Existe-t-il un motif qui frappe votre œil et qui pourrait fonctionner, ne serait-ce que comme un concept général, pour votre prochain livre ?

Un dernier conseil : parlez à un éditeur local. Il y a quelques années, j'ai assisté à une conférence au cours de laquelle un éditeur de premier plan a fait une présentation sur le design et a demandé aux participants de soumettre leurs livres pour évaluation.

J'aurais aimé que ce dialogue ait lieu avant de publier l'un de mes romans. Le contenu était excellent. Toutefois, une meilleure couverture aurait permis d'augmenter les ventes. C'est une leçon que je voudrais vous transmettre.

Une excellente couverture fait vendre des livres.

CHAPITRE 12: SUGGESTIONS POUR TROUVER DES ÉDITEURS DE LIVRES POUR ENFANTS.

Le nombre d'individus qui croient qu'ils vont créer un livre pour enfants parce que c'est simple vous dira que l'écriture est difficile. Lorsque vous avez écrit une histoire qui, selon vous, serait un succès sur le marché des enfants, vous devez trouver un éditeur spécialisé dans ce type d'écriture ; il vous faut un éditeur de livres pour enfants.

Pour vous assurer de découvrir un éditeur qui partage votre enthousiasme à divertir et à enseigner aux enfants, vous devez tenir compte de certains aspects lors de la sélection des éditeurs de livres pour enfants.

La rédaction d'un superbe document doit être votre priorité. Le désir d'autoédition a augmenté de façon spectaculaire au cours des dernières années, car les éditeurs n'acceptent plus beaucoup de nouveaux auteurs mais travaillent plutôt avec des auteurs établis. Pour mettre un pied dans la porte d'un éditeur de livres pour enfants, il faut d'abord soumettre un manuscrit exceptionnel. Vous voulez qu'ils lisent votre article, déterminent sa valeur et proposent de le publier en votre nom.

Trouvez des maisons d'édition spécialisées dans la littérature pour enfants. Tous les éditeurs ne sont pas spécialisés dans la publication de livres pour enfants. Étant donné qu'il s'agit d'un marché de niche, vous devez trouver un éditeur qui s'attachera à faire en sorte que votre livre se retrouve chez les détaillants pour le groupe d'âge approprié.

Lorsque vous choisissez un éditeur pour un livre pour enfants, il est essentiel de trouver une maison d'édition ayant une solide réputation sur le marché de l'enfance. Vous devez vous assurer que l'éditeur que vous choisissez vous aidera à faire la publicité de votre livre et à faire en sorte qu'il atteigne le public approprié à l'avenir. N'acceptez pas de contrat de n'importe quel éditeur ; attendez plutôt de voir ce que chacun propose afin de pouvoir choisir la meilleure option.

Tout au long de cette procédure, vous devez vous rappeler que les éditeurs n'acceptent plus tous les livres. En réalité, passer par une maison d'édition peut être extrêmement intimidant car vous avez besoin d'un agent pour approcher les maisons d'édition en votre nom, ce qui peut être long et laborieux. C'est pourquoi l'autoédition est devenue une activité si populaire, permettant aux auteurs de publier et de distribuer leurs ouvrages selon le calendrier prévu.

L'auto-édition vous permet de garder un contrôle total sur votre travail. Vous choisissez la méthode de publication, que le livre soit imprimé ou publié en ligne. Vous pouvez prendre des décisions en fonction de ce que vous estimez être optimal pour votre travail et de la méthode optimale pour le distribuer.

L'auto-édition vous permet de contrôler efficacement votre avenir avec l'aide d'un éditeur expérimenté qui peut vous fournir une pléthore de conseils et d'assistance.

Utilisez les outils d'assistance aux auteurs avec lesquels les pros de l'autoédition peuvent vous aider. Lorsque vous publiez un livre pour enfants, vous avez besoin d'une couverture et d'images captivantes pour retenir l'attention de l'enfant.

La maison d'édition que vous choisissez doit pouvoir vous fournir des conseils utiles, disposer de concepteurs internes pour vous aider dans la réalisation des illustrations et de la couverture, et assurer la relecture et l'édition de votre livre.

N'oubliez jamais, lorsque vous recherchez des éditeurs de livres pour enfants, de prendre le temps d'en apprendre le plus possible sur la société en consultant les avis sur Internet et les commentaires des clients, afin de pouvoir décider en toute confiance de ce que vous allez faire de votre travail.

CHAPITRE 13: ÉCRIRE POUR LES ENFANTS ET CONVAINCRE LES PARENTS.

Le talent d'être capable de communiquer dans une langue que votre public cible parle est évident. Le choix d'un sujet auquel l'enfant peut s'identifier est crucial. Là encore, en fonction de l'âge de l'enfant, il est souvent jugé nécessaire d'inclure des éléments visuels ; pourtant, les enfants de tous âges aiment voir des illustrations.

Vous devez comprendre ce que les enfants et leurs parents attendent de la lecture. Il est essentiel de préserver le bonheur des enfants et leur plaisir de l'histoire tout en faisant appel à leur créativité et à leur énergie créatrice, mais qu'est-ce qui convaincra les parents d'acheter le livre ?

Les parents recherchent également des livres à valeur éducative pour leurs enfants. Les nouveaux mots et concepts sont instructifs en soi. Cependant, les parents veulent souvent quelque chose de plus tangible, un moyen de quantifier le succès du livre en termes de valeur éducative pour leurs enfants.

L'inclusion d'activités dans le texte du livre peut lui conférer une qualité distinctive qui séduira à la fois les enfants et leurs parents. Un glossaire des mots peu familiers ou peu courants peut garantir que les enfants et les parents comprennent correctement le matériel et que les jeunes ne se demandent pas constamment ce que signifie un mot particulier.

Dans le passé, un énorme livre contenant des histoires et des activités était un cadeau de Noël courant. Ces annuaires étaient toujours populaires car ils comprenaient différentes activités que les enfants pouvaient réaliser tout en lisant les histoires. L'ajout de quiz, de mots croisés, d'exercices d'écriture et de dessin/coloriage améliore l'histoire pour les enfants et leurs parents.

Actuellement, les livres comportant plus d'activités que de récits gagnent des parts de marché. Néanmoins, si vous associez votre talent de conteur à des activités appropriées et divertissantes, vous séduirez à la fois les enfants et leurs parents et augmenterez les chances de succès de vos écrits.

Avec Internet, il est possible de produire des livres électroniques avec des graphiques en couleur sans être limité par les coûts de production. Cela implique, bien entendu, que vos livres peuvent être moins chers que ceux vendus en magasin.

Le processus est plus complexe en ce qui concerne la publicité et le marketing de votre livre pour générer des ventes. Cependant, les spécialistes du marketing sur Internet s'accordent généralement à dire que la rédaction et la publication d'articles constituent l'une des meilleures méthodes pour établir sa crédibilité en tant qu'auteur pour enfants. Incluez une case de référence à la fin de l'article avec un lien vers votre site Web (ou votre courriel) où le livre peut être acheté.

Vous avez un avantage sur les autres parce que vous pouvez écrire et produire un article qui ne poserait "aucun problème". Veillez à envoyer votre article à l'e-zine, au bulletin d'information ou à la catégorie appropriée sur des sites Web tels que celui-ci - vous devez cibler les clients qui ont des enfants, par exemple. Les mamans.

Si vous décidez d'approcher votre église ou votre école, essayez de mettre en place un programme d'affiliation dans lequel l'organisation reçoit une commission (environ 50 %) pour promouvoir votre livre pour vous, par exemple par le biais d'un témoignage.

Ne vous inquiétez pas d'offrir de grosses commissions ; vous n'avez pas de dépenses supplémentaires après avoir écrit votre livre. Il s'agit d'une merveilleuse méthode pour démontrer votre esprit communautaire et améliorer votre réputation d'auteur de livres pour enfants compatissant. Les parents apprécieront votre gentillcssc, tandis que les enfants apprécieront votre livre.

CHAPITRE 14 ; AMÉLIORER LA VISIBILITÉ DE VOTRE LIVRE POUR ENFANTS AUTOÉDITÉ.

Félicitations ! Vous venez de publier votre livre pour enfants de manière indépendante ! Maintenant, comment le faire connaître au public ? La promotion de votre livre nécessite beaucoup de travail et de persévérance. Le succès ne se produira pas du jour au lendemain, même si vous le souhaitez ardemment. Vous trouverez ci-dessous quelques approches que j'ai mises en œuvre ou prévues pour promouvoir mes livres pour enfants.

1. Créez un site Web. Affichez votre livre ! Créez un fichier PDF de l'aperçu de votre livre ! La plupart des acheteurs voudront un aperçu avant d'acheter,

alors fournissez-en un. Créez un lien par lequel les gens peuvent acheter votre livre.

2. Créez un blog et créez un réseau avec d'autres auteurs.

3. Créez une page de fans sur Facebook et un compte Twitter. Présentez votre page de fans sur Facebook à vos amis. Suivez sur Twitter les personnes qui partagent vos intérêts. Il est également possible de faire de la publicité sur Facebook, mais seulement si vous disposez de moyens financiers suffisants.

4. Obtenez des critiques. Demandez à d'autres auteurs autoédités de livres pour enfants de critiquer votre livre en échange de la critique du leur. Publiez ces témoignages sur votre blog ou votre site web.

5. Cartes de visite ! Allez sur Vistaprint.com. Vous pouvez soumettre vos modèles ou utiliser les leurs. Distribuez des cartes de visite chaque fois que possible. Si vous avez des enfants, amenez-les au parc et distribuez-les aux autres parents.

6. Si votre livre pour enfants fait partie d'une série, proposez le premier volet sur eBay. J'ai eu le plus de vues et d'enchères lorsque j'ai commencé avec un prix de départ de 0,01 $ et une livraison gratuite. Vous subirez probablement une perte financière, mais votre livre sera acquis par un lecteur qui ne l'a jamais lu. Offrez une réduction sur vos autres livres si les clients apprécient le premier. Incluez également votre carte de visite !

7. Écrivez des lettres aux crèches et aux bibliothèques pour leur expliquer votre livre et pourquoi ils devraient l'avoir. Si possible, offrez-leur une remise spéciale.

8. Des autocollants ou des aimants pour le pare-chocs de ta voiture ! Concevez-les comme vous l'entendez, et n'oubliez pas d'inclure votre site Web !

9. Fixez des prospectus avec des languettes détachables sur les tableaux d'affichage. De nombreuses épiceries et bibliothèques en ont. Essayez aussi les pizzerias ! Vous devrez peut-être vous renseigner avant de les accrocher. Assurez-vous de les

vérifier au moins une fois par semaine. (*Déchire un onglet. Cela donnera l'impression que les gens sont intéressés par votre prospectus. Cela a été essayé, et ça marche!*)

Certains sites Web proposent des publicités peu coûteuses ! Ils offrent un service d'échange de bannières, mais vous pouvez également acheter des impressions de bannières et des clics de sites Web. Les sites Web ajoutent un code à leur site, et lorsqu'une personne visite leur site, elle reçoit une impression de bannière sur un autre site Web.

Par conséquent, lorsque vous achetez des clics, vous payez pour que les gens cliquent sur vos bannières. Il s'agit donc de personnes réelles qui ont cliqué sur votre bannière parce qu'elle a attiré leur attention. Examinez l'efficacité d'une campagne à faible coût en la mettant en œuvre.

CHAPITRE 15: FAIRE DE VOTRE LIVRE POUR ENFANTS UN BEST-SELLER.

Félicitations ! Vous avez publié un livre pour les jeunes. Maintenant, la phase suivante et la plus cruciale est la promotion. Les enfants sont des lecteurs assidus mais d'abord difficiles à intéresser. Cette page répertorie les sites web qui assurent la promotion de la littérature pour enfants et jeunes adultes.

1. Bookmarket - Il s'agit d'une page qui fournit des conseils en matière de promotion. Le livre 1001 ways to advertise your book de John Kremer est une ressource précieuse pour tous les auteurs. Children's writer's and illustrator's market de Writer's Digest comprend une liste d'éditeurs et des conseils d'écriture.

2. Les critiques sont une excellente méthode pour faire la publicité de votre livre. Elles aident considérablement votre livre. Envoyez des demandes de cadeaux, de critiques et d'interviews à tous les blogs et sites Web, quelle que soit leur taille.

3. Faites lire votre livre dans une bibliothèque locale pour enfants ou offrez un exemplaire à une école. Vous pouvez laisser des livres dans les endroits fréquentés par les jeunes.

4. Un podcast et une bande-annonce permettent de commercialiser efficacement un livre. Le remède pour les enfants qui sont trop paresseux pour lire est un podcast.

5. Scénario - L'écriture de scénarios est considérée comme totalement distincte de l'écriture de romans. La plupart des livres populaires sont adaptés en films et en émissions de radio. Néanmoins, vous pouvez utiliser cette stratégie pour faire la publicité de votre livre.

6. La BBC et d'autres diffuseurs acceptent les soumissions. Cependant, l'acceptation est souvent difficile. De nombreux concours d'écriture de scénario sont également ouverts aux auteurs amateurs. Les enfants aiment regarder la télévision.

7. Témoignages L'appui de personnes célèbres peut être bénéfique pour votre livre.

8. C'est une excellente méthode pour faire savoir aux enfants que votre livre a été publié. Cette méthode est plus efficace pour les ouvrages destinés à un public plus âgé. Annoncez la publication de votre livre dans un magazine ou un journal pour enfants. Cela peut entraîner des frais. En outre, vous pouvez écrire pour un magazine pour enfants ou réaliser des interviews pour promouvoir votre livre.

9. Dépliants, affiches, etc. - Il faut de l'argent pour les imprimer, mais ils peuvent avoir du succès, surtout auprès des enfants.

10. La publicité sur les sites Web qui présentent le contenu de votre livre ou un contenu similaire à

celui de votre livre augmentera les ventes. La publicité à la télévision est la technique la plus efficace pour attirer l'attention des enfants, mais elle est coûteuse et les enfants n'aiment pas forcément voir des publicités pour des livres.

11. Figurer dans des catalogues de livres pour enfants.

Les prix sur Internet et les distinctions littéraires peuvent contribuer à augmenter les ventes de livres. Là encore, cela pose problème car les prix littéraires ont des critères de sélection très stricts. De nombreux bibliothécaires aiment acheter des publications primées. Cela augmente également la visibilité du livre.

De nombreux jeunes prennent l'habitude de lire les livres de la collection de leur bibliothèque. Pour les enfants de moins de douze ans, la bibliothèque de l'école est la porte d'entrée dans le monde de la littérature.

Assurez-vous que vos livres sont disponibles dans les bibliothèques publiques et même dans les bibliothèques scolaires. Les enfants ont un pouvoir d'achat limité, mais s'ils apprécient un de vos livres gratuits et décident d'en acheter d'autres, il y a des chances qu'ils le fassent.

En temps normal, je préconiserais les réseaux sociaux, mais si vos ouvrages sont destinés à des enfants de moins de douze ans, cela ne sert à rien. Faites-en la promotion sur les sites Web des enseignants et des élèves. Recommandez-le pour les devoirs de lecture en classe ou les semaines du livre. Essayez d'exercer une grande influence sur les personnes et les écoles de votre entourage.

Comme la plupart des enfants regardent l'internet en étant filtrés, les sites web ne sont pas très utiles pour les enfants. Par conséquent, je ne recommande pas non plus la littérature électronique aux enfants. Les adolescents sont plus réceptifs aux livres électroniques et influencés par l'internet. Par ailleurs, bien que l'argent soit essentiel, il n'influence pas de manière significative les romans pour enfants par rapport aux publications pour adultes.

CHAPITRE 16: L'UTILISATION DE BOBBLE HEADS PERSONNALISÉS POUR LA PROMOTION.

Certains individus vendent un produit. D'autres constituent le produit. Pour obtenir de nouvelles possibilités, vous devez faire de l'autopromotion si vous êtes un écrivain, un chanteur, un politicien, un artiste, si vous êtes dans le domaine public ou si vous travaillez à votre compte. Vous avez une carte d'identité. Vous avez distribué des prospectus. Vous avez besoin d'une nouvelle façon d'atteindre vos clients et électeurs potentiels.

Pensez aux figurines personnalisées !

Pourquoi commander des têtes de bobble personnalisées?

Ces figurines ne mettent pas seulement votre nom en avant, mais vous mettent aussi en avant du public. Une figurine artisanale offre une plus grande reconnaissance du nom qu'un crayon ou une boîte d'allumettes pour un politicien qui veut rester accessible. Si vous êtes un écrivain, un artiste ou un musicien en concurrence avec d'autres écrivains, peintres ou musiciens en herbe pour attirer l'attention, une figurine se démarque nettement des affiches et des signets.

Les figurines personnelles créent un lien entre vous et votre public. Comme le visage de la figurine est généralement une caricature, elle est également humoristique et vous rend plus accessible. Vous n'êtes pas le sénateur Smith ; vous êtes mon agréable et sympathique sénateur Smith. Vous n'êtes pas le guitariste Crash Jones ; vous êtes un membre sympathique d'un groupe fantastique.

Un bobblehead personnalisé est également peu courant. On se souviendra de vous lorsque vous en inclurez une dans votre dossier de presse ou que vous la distribuerez lors d'événements. Les figurines étant durables, les clients potentiels se souviendront de vous bien après que les cartes de visite et les calendriers de la concurrence auront été jetés.

Comment faire de la publicité à l'aide d'une Bobble-Head.

Une bobblehead personnalisée est un instrument adaptable. Ajoutez-la à votre dossier de presse. Distribuez-la lors de concerts, d'expositions, de rassemblements, de conventions, de séances de dédicaces, de festivals et de foires. Utilisez-la comme récompense pour les concours de blogs et comme cadeau pour les tournées en ligne et réelles. Incluez-le dans des paniers de cadeaux promotionnels, des sacs à surprises et des cadeaux d'appréciation.

Une figurine personnalisée de votre personnage principal peut attirer les enfants à votre table lors d'une séance de dédicace si vous êtes l'auteur d'un roman. Quelle que soit votre activité, n'hésitez jamais à utiliser votre poupée comme cadeau pour les jeunes.

On se souviendra de vous comme d'une personne malveillante si vous refusez. En revanche, si vous offrez une poupée à un enfant qui en fait la demande, vous serez perçu comme quelqu'un de généreux qui aime les enfants, ce qui est toujours une image positive.

Chaque fois que vous faites une apparition personnelle, que ce soit dans une école, lors d'un arrêt de campagne, d'une lecture ou d'une visite de vente, ayez votre figurine et votre dossier d'information à portée de main. Vous ne savez jamais quand une occasion de promotion se présentera.

Sélection de votre figurine personnalisée:

- Quel doit être le look de votre bobblehead ?

- S'agit-il d'une copie conforme de vous-même, de votre groupe ou de votre personnalité ?

- Quelles actions votre figurine doit-elle accomplir ?

- Avez-vous besoin d'une toile de fond ?

- De combien d'informations avez-vous besoin?

Lorsque vous choisissez une société de production, trouvez-en une qui reconnaît et promeut votre vision.

Choisissez une société qui a besoin de votre accord à chaque étape de la production. Assurez-vous que votre bobblehead personnalisé sera fabriqué avec des matériaux sûrs et durables. Tenez compte de l'expérience de l'entreprise, de sa réputation de qualité et de son service à la clientèle.

Lorsque vous êtes le produit, vous avez besoin de la publicité la plus efficace. Incluez une figurine personnalisée dans votre matériel promotionnel!

CHAPITRE 17: CONSIDÉR CONSIDÉR CONSIDÉRATIONS À FAIRE AVANT DE PUBLIER UN LIVRE ÉLECTRONIQUE POUR ENFANTS.

Je croyais qu'écrire un livre pour enfants serait simple. J'ai utilisé mon esprit mature. Après avoir cherché sur Internet des suggestions sur la façon d'écrire des livres pour enfants, j'ai découvert que le simple fait de m'asseoir devant mon ordinateur ne suffisait pas.

Tout d'abord, je devais déterminer la tranche d'âge à laquelle je souhaitais m'adresser. Le vocabulaire et l'intérêt des enfants varient entre cinq et huit ans, neuf et douze ans, et treize et quinze ans.

J'ai passé une journée dans la section pour enfants de la librairie à examiner le langage que chaque groupe d'âge pouvait comprendre, le type et la quantité d'illustrations, la longueur des livres, les sujets d'intérêt pour chaque groupe d'âge et la façon dont les enfants de la section interagissaient avec leurs choix.

Ensuite, j'ai dû décider du genre dans lequel je voulais écrire (aventure, fantastique, science-fiction, expérience personnelle, etc.) et des critères de longueur des livres. Des descriptions en ligne existent pour chacun de ces facteurs. J'ai cherché sur les sites Web des livres de fantasy et de science-fiction pour voir sur quels sujets d'autres auteurs avaient écrit. Quels romans ont été primés et pourquoi ?

J'ai également fait des recherches sur les tendances en matière de styles graphiques et d'images utilisés pour chaque groupe d'âge sur les sites Web de livres pour enfants. Comme je me préparais à devenir enseignante, j'ai également utilisé les ressources destinées aux enseignants pour voir quels manuels étaient utilisés pour les enfants de différents âges.

Les sites Web d'Amazon, de Barnes & Noble et de Borders ont également été des outils utiles pour démontrer quels livres étaient les plus populaires parmi les différents groupes d'âge. L'approche imprimée étant trop longue, trop coûteuse et trop intimidante à ce stade, j'ai choisi l'auto-publication en ligne. Dans la section Kindle Book Publishing du site Web d'Amazon, les auteurs Kindle en herbe trouveront suffisamment de soutien.

Pour commercialiser mon livre électronique, j'ai investi dans des services en ligne qui vous apprennent à utiliser les blogs, la publicité et les tactiques de publication pour attirer les acheteurs vers votre livre. En outre, vous apprendrez comment fixer le prix de votre livre électronique, combien de personnes ont consulté la description de votre livre et comment suivre les classements promotionnels. Vous pouvez également créer un site Web pour encourager les gens à acheter votre livre.

Selon l'endroit où vous avez l'intention de vendre votre livre, vous devez le mettre en forme conformément aux directives. Suivez attentivement ces directives si vous souhaitez que votre livre soit lisible sans effort. J'ai vu des livres dans lesquels des symboles étranges étaient intercalés dans le texte. Certains services se chargent de tout moyennant des frais et la possibilité de le faire soi-même. En utilisant un site web, j'ai développé une couverture à utiliser avec ma description Amazon.

Ceci n'est qu'une introduction à l'écriture, la publication et la vente de livres électroniques pour enfants. Je suis sûr que vous trouverez de nombreuses autres ressources en ligne qui vous fourniront les informations dont vous avez besoin. Laissez libre cours à votre imagination, mais gardez toujours à l'esprit votre public cible lorsque vous écrivez..

CHAPITRE 18: DES CONSEILS EN MATIÈRE DE MARKETING DU LIVRE QUI VOUS AIDERONT À VENDRE PLUS D'EXEMPLAIRES.

Il n'y a jamais eu de livre à succès sans une certaine forme d'effort. Même les auteurs légendaires ont été mis à rude épreuve avant d'être publiés et de bénéficier d'un large lectorat. Il faut des efforts, de la persévérance et des stratégies de marketing pour passer d'écrivain inconnu à auteur de best-sellers. Voici cinq de ces idées de marketing à prendre en considération.

1. Augmentez votre visibilité sur Internet. Si vous n'avez pas de site Web, créez-en un. Rejoignez une communauté de médias sociaux si vous n'en faites pas déjà partie. Ajoutez une page de témoignages sur

votre site Web, demandez à des personnes de critiquer votre livre sur votre page Facebook, devenez visible sur Twitter, envisagez d'organiser des séances de questions-réponses sur Google+ et optimisez votre site Web pour les moteurs de recherche.

Les gens apprennent à connaître les nouveaux livres par l'internet, leurs amis, les librairies ou les publicités. Les plateformes de réseaux sociaux ont augmenté la quantité de publicité de bouche à oreille, permettant aux lecteurs de découvrir de nouveaux auteurs. Par conséquent, développez votre présence sur Internet.

2. Ne laissez pas la technologie et les tendances vous dissuader de mettre en œuvre le marketing des ebooks. De nombreux auteurs proposent désormais des éditions ebook de leurs œuvres. La fiction pour adultes a propulsé les revenus des ebooks à 1,27 milliard de dollars en quelques années, selon BookStats, tandis que les ventes d'ebooks pour enfants ont triplé dans le même laps de temps. Avec 84 millions d'iPads vendus dans le monde et des tablettes de lecture qui augmentent leurs livraisons de

produits, vous ne devriez pas négliger le potentiel lucratif de la commercialisation des livres électroniques.

3. Confiez votre stratégie en matière de livres électroniques à un expert. Vous pouvez recevoir de nombreuses soumissions de votre livre sur des sites Web de marketing de livres électroniques de premier plan, des campagnes Twitter et d'autres efforts stratégiques, comme un concours de critiques de fans, pour la dépense la moins chère possible afin d'augmenter l'exposition de votre livre.

4. Explorez votre livre sur le Web. Faites la promotion de votre livre sur des sites de blogs associés à votre genre ou à votre marché spécifique. C'est une merveilleuse méthode pour attirer les gens vers votre livre et les aider à le faire connaître à travers leurs réseaux. Lorsque vous développez une communauté, vous finissez par accumuler un public.

5. Développez votre réputation sur Internet et devenez une autorité. C'est particulièrement important pour les auteurs de livres d'auto-assistance

et d'ouvrages pratiques. Créez des vidéos en ligne. Découvrez comment devenir actif sur LinkedIn Answers.

6. Ne laissez jamais passer l'occasion de répondre aux questions des fans concernant votre livre. Lorsque vous serez suffisamment reconnu pour vos références et votre expertise sur un sujet particulier, votre livre (ou vos livres) sera poussé sans difficulté.

La commercialisation d'un ebook ou d'un livre pour le marché en ligne peut avoir des résultats lucratifs. Vous devez simplement faire des efforts. Maîtrisez le Web. Faites appel à un spécialiste pour vous aider dans vos campagnes. Développez votre marque et, qui sait, peut-être que le livre que vous avez terminé il y a plusieurs années vous aidera à devenir un auteur à succès aujourd'hui.

CHAPITRE 19: LES ERREURS À ÉVITER DANS LA PROMOTION DU LIVRE.

Il existe des centaines de professionnels qui écrivent, bloguent et parlent de ce que les auteurs doivent faire pour vendre leurs romans, mais parfois, les auteurs ont aussi besoin d'entendre parler de ce qu'ils doivent éviter de faire.

J'ai compilé une poignée d'histoires les plus folles que j'ai entendues au sujet d'auteurs écrivant ou promouvant leurs romans, et bien qu'elles puissent sembler ridicules, je vous assure qu'elles sont toutes vraies. Au cas où vous seriez sur la voie de la folie des auteurs, voici quelques conseils sur ce qu'il ne faut pas faire:

Erreurs de librairie:

Ces deux histoires m'ont été racontées par un ami libraire:

Nous avons décidé de conserver en dépôt le livre de cet auteur. Tant qu'un livre se vend, nous continuons à le stocker. Cependant, un auteur n'a pas vendu de livres, je l'ai donc informé que nous ne pourrions plus stocker son livre après six mois.

Il m'a signalé qu'il avait vendu vingt livres dans mon magasin. Je l'ai informé que les huit livres que nous lui avions initialement volés étaient toujours présents. Il a dit qu'il avait renouvelé la pile toutes les deux semaines.

Nous n'avons pas de système d'inventaire informatisé, donc lorsqu'il a renouvelé sa pile, nous n'avions aucune méthode pour garder la trace des livres qui avaient été vendus. Je ne peux donc pas le payer pour ces volumes. En conclusion, avant de laisser de nouveaux livres dans le magasin, vérifiez auprès du responsable de la librairie.

Nous avons placé les livres d'un auteur local dans la section des livres locaux. Lorsque je suis entré dans le magasin un jour, tous ses livres étaient exposés aux côtés des best-sellers à la table d'entrée. Ils ont été remis dans la section des auteurs locaux.

Lorsque le scénario s'est reproduit, j'ai souligné à l'auteur que les acheteurs à la recherche de livres locaux auraient du mal à trouver ses ouvrages s'ils n'étaient pas de la région, mais cela n'a pas semblé faire de différence.

Lorsque je suis retourné au bureau quelques jours plus tard, ses livres étaient de nouveau sur la table d'entrée. Après les avoir déplacés plusieurs fois, j'ai appelé l'auteur pour l'informer que nous ne vendrions plus ses livres.

Festivals:

Cette histoire m'a été racontée par un écrivain qui a participé à une foire d'art :

Je partageais une table à une foire d'art avec un autre auteur. Son histoire avait récemment été adaptée en livre audio. Pour faire sa propre promotion, elle a décidé d'apporter des écouteurs pour que tout le monde puisse s'arrêter et écouter le livre audio. Mais elle ne s'est pas arrêtée là.

Elle se tenait à l'extérieur du stand et se précipitait vers les passants, plaçant sans permission des écouteurs sur leur tête et criant : "Écoutez mon livre !" Elle a empêché les gens de s'approcher du stand pour voir mon livre, et quand ils ont vu ce qu'elle faisait à d'autres visiteurs innocents, ils ont commencé à faire des pieds et des mains pour nous éviter.

Interviews:

Je ne compte plus le nombre de fois où j'ai entendu ce qui suit de la part d'auteurs lors d'interviews. Cela ne rend pas un interviewer heureux :

"Pourquoi votre personnage Mary décide-t-il de... Dans votre roman ?"

Pour le découvrir, il vous faudra lire le livre.

"Cependant, pouvez-vous nous dire pourquoi vous avez choisi que Mary le fasse ?"

"Non, je crains de révéler trop d'informations. Pour le découvrir, vous devrez lire le livre."

Si un auteur ne peut pas me parler de son livre, je ne serai pas intéressé à le lire.

Introductions aux livres:

Un auteur a écrit ce qui suit dans le premier paragraphe de son introduction :

Il m'est apparu que les scénarios de mon roman et le monde fantastique que j'ai construit seraient d'abord perplexes et difficiles à suivre pour les lecteurs, j'ai donc décidé d'écrire cette introduction pour tout expliquer afin qu'ils puissent suivre l'intrigue.

Dire à un lecteur que votre livre est déroutant ne vous aidera pas à vendre plus d'exemplaires ; si votre livre est déroutant, vous devriez continuer à le réviser au lieu de le publier.

Livres pour enfants:

Malgré votre incrédulité, certains auteurs ne savent pas ce qui est convenable pour un livre pour enfants. J'ai entendu parler d'un auteur dont les protagonistes animaux ont enquêté sur un meurtre. Pire, la victime du meurtre était une femme, et son mari et son amant étaient les principaux suspects. J'espère que le meurtre et l'adultère sont des sujets inappropriés pour les enfants.

Sites web:

Je pourrais énumérer d'autres erreurs commises par des auteurs sur leur site Web, mais cet auteur doit mériter la palme de l'histoire la plus bizarre qui soit. Il s'agit d'une légère paraphrase d'une publication que j'ai vue sur le site Web d'un auteur, mais elle représente ce que j'ai entendu dire de plus d'un auteur (d'où les blancs) :

Si vous voulez acheter mon livre, je ne peux pas vous l'envoyer par la poste parce que _____ [la poste, le gouvernement américain, la Ligue du mal, les extraterrestres qui dirigent secrètement notre planète, etc.] vole les livres que j'ai envoyés par la poste dans le but d'empêcher les gens d'apprendre la vérité sur _____ [Bigfoot, le roi Arthur, le triangle des Bermudes, Jésus, etc.] Je l'ai donc converti en un livre électronique téléchargeable sur mon site Web.

Il est possible qu'en tant qu'auteur, vos livres ne se vendent pas comme vous le souhaiteriez, et vous vous demandez ce que vous faites de mal. Toutefois, après avoir lu ces anecdotes, je suis sûr que vous pourrez vous féliciter du fait que vous faites au moins quelques choses correctement.

CHAPITRE 20: PROMOUVOIR VOTRE LIVRE DANS VOTRE QUARTIER.

Le marketing en ligne est un moyen fantastique de vendre votre livre à un public mondial, mais les écrivains ignorent souvent les alternatives locales de marketing du livre. Vous pouvez vous démarquer en tant que plus gros poisson dans un plus petit étang dans votre quartier et votre région. Voici cinq stratégies pour promouvoir votre livre au niveau local :

1. Apportez toujours de la lecture et des livres avec vous. Gardez une boîte de livres, quelques prospectus dans le coffre de votre véhicule et des cartes de visite dans votre portefeuille. Vous ne savez jamais quand vous rencontrerez un client potentiel ou un contact marketing.

2. Considérez les opportunités dans votre région. Vous partez en week-end ou vous allez voir votre grand-mère ? Effectuez des recherches préliminaires pour trouver des librairies, des entreprises et des bibliothèques dans la région que vous pourriez visiter ou organiser votre tournée de promotion du livre, en logeant chez des parents et des amis le long du parcours.

3. Faites votre promotion auprès des détaillants et des bibliothèques en tant qu'auteur local. De nombreuses librairies et bibliothèques proposent une section qui met en valeur les œuvres d'auteurs locaux ou régionaux.

4. Envisagez d'autres détaillants qui pourraient vous convenir. Réfléchissez aux types de magasins qui correspondent au thème de votre livre et faites-en la publicité comme étant l'œuvre d'un auteur local.

5. Collez des autocollants "auteur local" sur les livres que vous vendez dans votre communauté.

6. Prenez la parole dans les bibliothèques. Contactez les bibliothèques pour leur proposer de faire une présentation sur le sujet de votre livre. C'est particulièrement utile pour les livres pour enfants et les ouvrages de non-fiction ayant un large attrait (comme les voyages, les affaires ou le fitness). De nombreuses bibliothèques vous autoriseront à vendre vos livres pendant votre intervention et d'autres disposent de fonds pour rémunérer les conférenciers.

7. Trouvez d'autres occasions de parler. Les conférences sont un excellent moyen de faire la publicité de votre livre ; une fois que vous aurez acquis de l'expérience, vous pourrez même être payé pour parler. De nombreuses organisations, y compris des organisations commerciales et civiques, des groupes religieux, des écoles et des universités, des associations professionnelles et autres, recherchent des présentateurs intéressants pour leurs réunions.

8. Faites de la publicité dans les médias régionaux et locaux. Envoyez un communiqué de presse annonçant votre nouveau livre aux médias de votre ville natale et de votre lieu de résidence actuel.

L'approche "la fille locale fait le bien" est particulièrement efficace dans les petites communautés.

9. Créez des communiqués de presse basés sur des liens régionaux, tels qu'un roman dont l'action se déroule dans la région et des événements actuels. N'oubliez pas d'inclure votre bulletin d'information des anciens élèves et toute organisation civique ou professionnelle à laquelle vous appartenez. Les auteurs de non-fiction devraient envisager des émissions de discussion à la radio et à la télévision.

10. Participez aux foires et festivals du livre. En général, ils fonctionnent mieux si votre livre a un rapport avec le sujet de l'événement ou s'il a un intérêt général.

11. Faites la promotion de la littérature pour enfants dans les écoles et les organisations de jeunesse. Les visites dans les écoles sont un excellent moyen d'atteindre les enfants.

CONCLUSION.

La création et la promotion de tout livre, en particulier d'un livre pour enfants, constituent un défi. Même si la publication traditionnelle est difficile, l'auto-publication peut mener au succès. Avant de supposer qu'écrire un livre pour enfants est la meilleure solution, il est nécessaire d'étudier le marché actuel.

Il existe un choix infini de livres pour enfants. Contrairement aux livres conventionnels pour adultes, les magasins à un dollar et les magasins d'aubaines offrent un vaste assortiment de livres pour enfants. Malgré leur désir de voir leurs enfants recevoir une éducation, de nombreux parents préfèrent dépenser une somme limitée en livres.

Comme indiqué précédemment, la concurrence pour les livres pour enfants est sévère. Souvent, un auteur connu ou une histoire captivante, particulièrement pour les jeunes lecteurs ou les adultes, est à l'origine de la vente d'un livre pour enfants de 15 $. Par conséquent, de nombreux éditeurs sont prudents.

Pour cette raison, de nombreuses grandes maisons d'édition choisissent de continuer à travailler avec les mêmes auteurs ou de faire appel à de simples agents. Cependant, ne vous laissez pas abattre par cette situation. De nombreux éditeurs sont prêts à prendre des risques avec de nouveaux auteurs, et vous êtes peut-être l'un d'entre eux.

De nombreux auteurs en herbe qui souhaitent être publiés préfèrent écrire des livres pour enfants car ils pensent qu'ils ont plus de chances de générer plus d'argent. Malgré cette possibilité de variation, les auteurs de romans et autres livres plus longs sont souvent mieux rémunérés. Alors, est-ce un fait ?

Il est possible d'écrire un livre pour enfants plus rapidement ; vous pouvez donc en écrire davantage, mais il est essentiel de souligner que vous devez consacrer le même temps et la même attention à chaque livre. De même, lorsque vous écrivez pour les enfants, vous pouvez être en mesure de produire plus de livres, mais ils doivent être publiés avant que vous puissiez en tirer des revenus.

Si vous choisissez de publier une histoire pour enfants, il est essentiel de ne pas vous restreindre. Lorsque de nombreuses personnes pensent à la littérature pour enfants, les livres d'images et les livres de société leur viennent généralement immédiatement à l'esprit.

Outre les publications destinées aux jeunes, il existe des livres pour les lecteurs débutants, comme les livres de courte durée. N'oubliez pas cela lorsque vous tenterez d'écrire votre premier livre pour enfants, car vous voudrez peut-être faire des expériences.

Comme mentionné précédemment, écrire et publier un livre pour enfants n'est pas nécessairement plus simple, mais cela ne signifie pas que c'est impossible. Au lieu de vous concentrer sur la simplicité de la publication d'un livre ou sur l'argent que vous pourriez espérer gagner, nous vous encourageons à écrire sur ce que vous connaissez ou aimez. Lorsque vous êtes passionné par les mots que vous écrivez et le récit que vous construisez, vous avez beaucoup plus de chances de réussir.

Avec l'avènement des logiciels et des applications d'impression à la demande, la production et la publication d'un livre sont désormais plus faciles. Écrire un livre pour enfants n'est pas aussi simple qu'on pourrait le croire, et en faire publier un par les canaux traditionnels est l'une des tâches les plus difficiles du secteur de l'édition.

Compétences de gestion pour les gestionnaires.

1. Gestion du temps pour les managers
2. Coaching des employés pour les managers
3. Développement de l'esprit d'équipe pour les managers
4. Confiance en soi pour les managers
5. Techniques de négociation pour les managers
6. Compétences en matière de service à la clientèle pour les managers
7. L'affirmation de soi pour les managers
8. Étiquette commerciale pour les managers
9. Aptitude à l'écoute pour les managers
10. Compétences en leadership pour les managers
11. Compétences en communication pour les managers
12. Techniques de présentation pour les managers
13. Gestion du stress pour les managers
14. Prise de décision pour les managers
15. Gestion des conflits pour les managers.

Série : La liberté financière à tout âge.

- Atteindre la liberté financière à 20 ans
- Atteindre la liberté financière dans la trentaine
- Atteindre la liberté financière dans la quarantaine
- Atteindre la liberté financière dans la cinquantaine
- Atteindre la liberté financière à 60 ans
- Atteindre la liberté financière à 70 ans et plus.
- Atteindre la liberté financière chez les enfants
- Atteindre la liberté financière chez les adolescents

- Atteindre la liberté financière chez les étudiants universitaires.
- Les escroqueries financières dont il faut se méfier à la retraite.

Série : Des finances personnelles pour vous.
- Acheter et vendre des crypto-monnaies pour les débutants
- Pourquoi investir dans des actions à dividendes est judicieux.

Série : Patrimoine 2022.

- L'entrepreneuriat en ligne.
- Créer sa propre entreprise
- Gestion de patrimoine
- Revenu passif.
- 12 étapes pour créer votre propre entreprise.

Série : Un excellent service à la clientèle.

- Excellent service à la clientèle dans le commerce de détail
- Excellent service à la clientèle dans la restauration rapide

- Excellent service à la clientèle dans un restaurant à service complet
- Excellent service à la clientèle dans l'enseignement.
- Excellent service à la clientèle dans l'immobilier
- Excellent service à la clientèle dans un centre d'appels
- Excellent service à la clientèle en tant que réceptionniste
- Excellent service à la clientèle dans un hôtel
- Excellent service à la clientèle dans la vente
- Excellent service à la clientèle, peu importe la situation.
- Excellent service à la clientèle dans un cabinet dentaire
- Excellent service à la clientèle dans un cabinet médical.

Série : L'argent rapide.

- Argent rapide en une semaine
- Argent rapide en un week-end
- Argent rapide en un mois
- Argent rapide pour les étudiants.

Série : Comment faire de la promotion.

- Comment faire prospérer votre entreprise pendant une récession

- ➢ Comment promouvoir votre livre de recettes
- ➢ Comment faire la promotion de votre livre pour enfants.

Biographie de l'auteur

D.K. Hawkins. D.K. aime lire des livres sur les affaires personnelles ainsi que passer du temps à l'extérieur. D'autres livres viendront s'ajouter à cette collection, alors suivez-nous sur Amazon pour en savoir plus.

Merci d'avoir acheté ce livre.

Je vous en remercie sincèrement et je vous apprécie, vous, mon excellent client.

Que Dieu vous bénisse.

D.K. Hawkins.

www.ingramcontent.com/pod-product-compliance
Lightning Source LLC
Chambersburg PA
CBHW050008230526
45465CB00003BB/1314